TOURISM PLANNING & DESIGN NO.31

旅游规划与设计 31

旅游规划 + 景观建筑 + 景区管理

北京大学城市与环境学院旅游研究与规划中心 主编

中国建筑工业出版社 出版

旅游风险与旅游安全

Tourism Risks and Tourism Security

图书在版编目（CIP）数据

旅游规划与设计——旅游风险与旅游安全/北京大学城市与环境学院旅游研究与规划中心主编.—北京:中国建筑工业出版社,2019.7
ISBN 978-7-112-23922-1

Ⅰ. ①旅… Ⅱ. ①北… Ⅲ. ①旅游规划②旅游安全—安全管理 Ⅳ. ①F590.1

中国版本图书馆CIP数据核字(2019)第129974号

主编单位：
北京大学城市与环境学院旅游研究与规划中心　北京大地风景文化旅游发展集团有限公司

出版单位：
中国建筑工业出版社

封面图片提供： 摄图网
封面图片说明： 华山长空栈道
扉页图片提供： 徐晓东
扉页图片说明： 柬埔寨小吴哥
封二底图提供： 徐晓东
封二底图说明： 日本奈良春日大社
封三底图提供： 何勃
封三底图说明： 都江堰

旅游规划与设计——旅游风险与旅游安全
北京大学城市与环境学院旅游研究与规划中心 主编

中国建筑工业出版社 出版、发行（北京海淀三里河路9号）
各地新华书店、建筑书店经销
天津图文方嘉印刷有限公司印刷

开本：880×1230毫米 1/16　印张：8½　字数：245千字
2019年3月第一版　2019年3月第一次印刷
定价：58.00元

ISBN 978-7-112-23922-1
（33806）

卷首语

旅游业是我国的战略性支柱产业，但旅游业也是较易受安全风险影响的行业。破坏性旅游突发事件的发生，既可能影响旅游业的发展与稳定，也可能冲击旅游业的转型与升级。旅游业正是在一次次安全与灾难事件的应对中逐渐走向成熟。而旅游安全对旅游者所具有的微观价值及其对旅游产业所具有的宏观意义，也在旅游产业的前行中得以彰显。

历史经验表明，旅游业的健康成长必然以旅游安全作为最基础的保障。打造安全可靠的旅游环境，已成为旅游业实现健康发展的重要任务。在我国，国家层面大力开展综合性安全治理活动，习近平总书记不仅提出了“总体国家安全观”，还提出要“不断提升人民群众的获得感、幸福感、安全感”，安全感建设工作作为战略性工程得以重视。旅游行政管理部门在旅游安全治理上也投入了大量的人力物力，不论是《旅游法》专门编列旅游安全治理专章，还是出台《旅游安全管理办法》，都反映了国家层面对旅游安全治理的投入和努力。

从当前形势来看，中国的旅游安全治理正站在新的历史起点上。一方面，中国经济体系的成长既给旅游产业提供了前所未有的发展基础，也为旅游产业带来全新的安全风险环境。旅游者的旅游活动从传统的观光旅游进入观光、度假、探险等多元旅游并行的新时代，以新兴特种设备和新兴活动形式为依托的高风险旅游项目不断出现；另一方面，中国大力推动“一带一路”倡议，大量的中国旅游者走出国门、迈入广阔的境外旅游地，他们也因此必须面对境外陌生条件下的复杂风险；此外，在当今时代的全球化背景下，重大突发事件所带来的全球化影响，对全球任一角落的旅游活动都可能带来深度的冲击与改变，旅游业难以置身全球化风险之外。

因此，响应新时代中国旅游产业的风险环境、响应全球化时代中国出境游客的安全保障需求，已成为中国旅游产业发展的重要任务。正视旅游安全议题、重视旅游安全工作，应成为旅游政产学研各界的共同任务。由吴必虎教授发起的《旅游规划与设计——旅游风险与旅游安全》的出版工作，正是对这一时代需求的学术响应。

本人有幸受吴必虎教授的邀请主持了本辑专题的编辑工作。感谢本刊名誉主编刘德谦教授和主编吴必虎教授的信任与帮助，感谢华侨大学旅游安全研究院郑向敏院长的热情指导，感谢本期作者朋友们的热心与耐心，他们是国内旅游安全研究领域的重要推动力量。感谢编辑部林丽琴主任和姜丽黎副主任在编辑工作上的辛勤付出。

愿世界更安全，让旅游更美好！

本期特约主编

谢朝武

华侨大学旅游学院副院长
华侨大学旅游安全研究院副院长
2019年1月15日

TOURISM PLANNING & DESIGN NO.31
旅游规划与设计 31
旅游规划 + 景观建筑 + 景区管理
北京大学城市与环境学院旅游研究与规划中心 主编
中国建筑工业出版社 出版

目 录

北京大学城市与环境学院
旅游研究与规划中心 主编
中国建筑工业出版社 出版

旅游风险与旅游安全

CONTENTS

TOURISM PLANNING & DESIGN NO.31
旅游规划与设计 31
旅游规划 + 景观建筑 + 景区管理
北京大学城市与环境学院旅游研究与规划中心 主编
中国建筑工业出版社 出版

Tourism Risks and Tourism Security

北京大学城市与环境学院
旅游研究与规划中心 主编
中国建筑工业出版社 出版

玻利维亚首都拉巴斯

旅游安全治理

Tourism Security Governance

王爱萍/摄

新常态旅游安全问题与大旅游安全治理格局构建

Building an Overall Governance System for Tourism Safety in a New Normal Era

文 / 皮常玲 王 璐 郑向敏

【摘 要】

旅游新常态为旅游经济发展注入新活力，但也给旅游安全治理带来新的挑战。本文提出，我国应从旅游信息化、文旅融合、新交通时代、休闲需求扩容、“一带一路”发展机遇及全域旅游契机等方面审视旅游新常态及旅游安全问题，并据此构建大旅游安全治理格局和旅游安全保障网，促进旅游产业健康发展与平稳运行。本文探讨了新时代旅游安全治理重心的转移，剖析了新时代大旅游安全治理格局构建的主体、措施及思路。

【关键词】

旅游安全；安全治理；新常态；保障体系

【作者简介】

皮常玲 华侨大学旅游安全研究院博士研究生

王 璐 华侨大学旅游安全研究院博士研究生

郑向敏 华侨大学旅游安全研究院院长、教授、博士生导师旅游安全是旅游业的生命线[1]，旅游产业在发展过程中必然会面对旅游安全的艰巨挑战[2]。党的十九大报告明确提出："经过长期的努力，中国特色社会主义进入了新时代，这是我国发展新的历史方位。"社会主义新时代的到来也带来了旅游业发展的新常态，新型旅游业态层出不穷，新技术、新数据、新交通、新媒体等时代性变化对我国旅游供给与需求带来了新要求与新发展[3]，而旅游新业态、旅游新需求与新供给带来了新的风险类型和安全要求，因此急需探讨新常态下旅游安全问题与治理。本文旨在剖析新常态下的旅游安全问题，构建大旅游安全治理格局和旅游安全保障网，以促进旅游产业健康发展与平稳运行。

1 旅游新常态和新常态下的旅游安全问题

1.1 旅游信息化发展与旅游信息安全

信息化技术的不断进步给旅游产业带来巨大发展机遇，促进了旅游产业转型升级。党的十九大报告提出要重视基础设施网络建设，推动互联网、大数据、人工智能和实体经济深度融合。随着旅游信息化进程加快，旅游发展进入大数据时代，也给旅游产业带来了不少安全隐患，如旅游信息安全问题、旅游网购安全监管问题、网上预订风险、购买安全投诉等安全问题。同时信息化发展也带来了"新媒体时代"，产生了旅游舆情危机处理与应对问题，新媒体时代旅游信息传播和扩散更加迅速，旅游目的地安全形象与网络舆情问题的处理成为旅游安全治理格局中的重要组成部分。

1.2 文旅融合与文化保护传承风险

国家旅游局和文化部合并组建文化和旅游部，文化和旅游部的组建将进一步促进文化与旅游的融合与繁荣发展，增强和彰显文化自信，统筹文化事业、文化产业发展和旅游资源开发，提高国家文化软实力和中华文化影响力，推动文化事业、文化产业和旅游业融合发展。大文化、大旅

图1 北京故宫角楼咖啡　　徐晓东/摄

游、大健康、大体育四大产业联动融合发展时代即将来临，旅游业也由目前单一的经济产业向综合型社会事业转型，旅游的文化、教育、公益等社会功能上升（图1）。党的十九大报告提出“加强文物保护利用和文化遗产保护传承，培育新型文化业态，文物活化利用在旅游业中越来越重要。”然而旅游目的地在发展过程中，容易造成旅游吸引物损坏，特别是对物质文化遗产来说更为明显，因此在文化与旅游融合发展背景下如何实现文化传承与保护，是一个亟须解决的问题。

1.3 新交通时代与旅游交通运输安全

2018年政府工作报告明确提出，要深化收费公路制度改革，降低过路过桥费用。高速公路与高速铁路的快速发展将国内游带入了一个全新的发展态势，旅游专车租车、自驾车旅游、房车旅游发展提速。随着旅游交通网络更加完善，道路的功能性也会发生改变，带来了交通点、线、面的安全监管，及道路多车混行、人车混行、游客高度聚集等空间安全问题。因此，新交通时代也给旅游业带来了点、线、面各类安全问题和治理需求——道路系统的秩序与安全如何管控？安全监测与管控的理念与技术如何实现？自驾营地进入生产系统的监管与部门间如何协调？因此，我国急需推动形成多部门介入的交通安全共建、共治共享的治理格局。

1.4 休闲消费需求扩容与旅游安全风险的扩增

党的十九大报告提出，新时代社会的主要矛盾是“人民日益增长的美好生活需要和不平衡不充分的发展之间的矛盾”，也提出了“尽快实现养老保险全国统筹，建立全国统一的社会保险公共服务平台”。在此背景下，发展健康产业，推进医养结合前景良好，也大大推动了中医药旅游、康养旅游等的发展，旅居养老、异地养老市场需求旺盛，旅游行业蓬勃发展。“新休闲时代”的到来也带来了很多个性化、多元化旅游需求，但是这些个性化和多元化旅游安全该如何保障呢？大区域休闲的安全问题多，风险性大，且多类型体验、休闲安全问题该如何防范与保障？散客多类型安全问题又如何防范？如养老旅游，老年群体本身存在不少高风险问题，特别是在旅游过程中更加容易发生意外。因此，旅游休闲目的与休闲要求的差异带来了多类型体验与休闲的安全保障和治理需求问题。

1.5 “一带一路”发展倡议与“走出去”的旅游风险

“旅游外交”与“一带一路”倡议带来了新的市场发展前景，海外旅游投资、旅游安全咨询、救援服务、旅游项目与旅游服务输出逐渐发展。在全面开放的新格局中推进“一带一路”国际合作，推动国际大通道建设，深化沿线大通关合作，优化对外投资结构。“一带一路”沿线的东南亚沿海地区和中东、西亚、北非等小众、冷门旅游目的地将成为中国旅游企业的投资热地和大众化旅游目的地（图2）。因此，“一带一路”倡议有利于推动中国出境旅游产业的良性发展，有助于加快我国国民和旅游企业“走出去”的步伐、带动与沿线国家和民众之间的文化交流。但国际局势瞬息万变，各种传统与非传统的旅游安全风险趋增，这将给中国在“海上丝绸之路”沿线国家的出境旅游发展带来复杂的安全挑战[4]。

1.6 全域旅游发展格局与全域旅游安全

“全域旅游”与“乡村振兴”战略促进了生态旅游、乡村旅游、田园综合体、旅游特色小镇的发展，带来了诸多旅游新业态，民宿客栈、餐饮小吃、特色商品等非标产品迅猛发展。然而全域旅游发展也带来了新的旅游安全问题，有大旅游安全治理要求。全域旅游发展带来了空间域、时间域、产业域、交通域、要素域、功能域、价值域、体验域、管理域等“域变”，全域旅游的“域变”给旅游目的地带来了社会性的安全问题和新的安全治理需求[5]。如相对封闭的景区变为开放性的大区域，从而带来了旅游安全合作、科技支撑和治理需求方面的问题，那么区域间旅游安全应急处置平台如何构建？此外，景区如果全天候开放，那么时间域变化会带来新的游客安全管控与风险防范问题，不同时段内游客安全如何防控？重点时段与重要时间节点的安全问题该如何预防？旅游旺季全天候的安全管控难度与效度怎么样？所以，全域旅游的发展虽给旅游业发展带来蓬勃活力，但也伴随着一系列新安全问题。

2 新常态下旅游安全治理重心的转型

2.1 新政策时代要求旅游安全治理法制化，构建旅游安全保障网成为新时代的发展重点

2013年10月1日，《旅游法》颁布实施，推动了旅游安全治理的法制化。《旅游法》的颁布实施标志着

图2 柬埔寨小吴哥 徐晓东/摄

中国旅游业进入了全面依法兴旅、依法治旅的新阶段。《旅游法》的第六章"旅游安全"，对旅游安全工作进行专门的规范与立法。从七十六至八十二条，共7个法条，从政府、旅游经营者到旅游者，多角度、全方位地进行规范与立法，在保障旅游者的人身财产安全、构建安全旅游目的地、规范我国旅游安全工作等方面提供了重要的法制基础。

原国家旅游局2014年12月出台的《关于贯彻党的十八届四中全会精神全面推进依法兴旅、依法治旅的意见（旅发〔2014〕241号）》，进一步推动和贯彻落实《旅游法》，全面推进依法兴旅、依法治旅，全面部署和努力完善以《旅游法》为核心的旅游法律规范体系、旅游综合协调与执法监管体系及旅游安全综合治理体系。《旅游法》的全面贯彻落实应体现在：一是建立健全旅游安全保障法制、体制、机制，明确政府部门及各相关部门职责，推动完善旅游安全管理部门规章；二是加强旅游安全风险防范；三是强化旅游应急处置能力；四是加强旅游安全宣传教育与培训；五是建立健全旅游保险保障体系。

2014年8月，《国务院关于促进旅游业改革发展的若干意见》（国发〔2014〕31号）第十三条专门提出"保障旅游安全"，其中在旅游安全方向的主要内容体现在：一是加快旅游安全管理的体制机制变革，二是完善旅游安全公共服务规范，三是完善旅游安全风险防范与预警机制，四是形成以政府为主导、全民参与的旅游安全治理体系等各类旅游安全治理工程的优先开展。

旅游业发展"515战略"和实施全域旅游国家战略，要求依法构筑旅游安全保障网。旅游业发展"515战略”提出“文明、有序、安全、便利、富民强国”五大目标，全域旅游发展战略要求旅游安全管理从行业的、内部的、各自的安全防范与管理向社会化、综合性的管理转变，并实现全域旅游的多产业协调管理、依法治理。强化政府的监管责任、行业间协调管理，构建政府、社会、行业、企业、消费者的旅游安全保障网成为时代性的需求。“515”战略和全域旅游安全的实施重点包括：建立旅游安全预警机制、强化重点领域和环节的监管、增强全社会旅游安全意识、加快旅游紧急救援体系建设、完善旅游保险保障体系等方面。

2.2 新流动时代带来大众旅游潮，游客高度聚集空间安全管理成为新时代旅游安全治理重心

随着国民经济不断发展，旅游需求更加旺盛，大众旅游时代已经来临。小长假、黄金假期等旅游旺季游客爆满，经常出现大规模游客滞留现象，甚至出现拥挤踩踏事故，也成为新时代旅游安全的新问题[6]（图3）。旅游景区最大承载量与安全容量的科学核定，景区客流量预警机制建立，科学准确地预测游客数量，制定旅游客流的疏导措施和控制方案，加强危机应急预案处理机制的数字化建设，针对特殊时期、特殊节点和关键位置配置合理的人员，对可能发生的旅游拥挤进行疏导和应急调控[7]，科学合理地构筑游客高度聚集地的安全风险防控机制成为各旅游景区及各级旅游主管部门亟须解决的问题。

2.3 新技术时代要求旅游安全监管充分融入高新技术元素，科技支撑旅游安全治理成为转型关键

科学技术的创新与应用将成为中国旅游安全最重要的积极影响因素。旅游安全管理离不开科学技术的支撑，将高科技应用于旅游安全管理，对于提高旅游安全管理水平，

图3 北京颐和园 **徐晓东/摄**

防范事故发生，减少突发事件对旅游业的影响显得尤为重要。现代高新技术应用于旅游安全管理，将主要侧重于旅游安全风险预防预警、突发事件控制与处置的运用，提高对可能发生的旅游安全风险进行识别、防范和警示的能力，以及对旅游突发事件的应急处置水平。

依托物联网技术、互联网技术、电子计算机信息处理系统、空间探测技术、卫星通信控制技术、3S技术人机智能互动系统、安全管理信息系统和数据库系统、闭路电视监控系统、虚拟技术、防盗报警系统、自动在线监测、GPS动态跟踪监测技术、直升机航拍技术等高新技术，建设智慧旅游项目，将这些技术嵌入旅游公共安全服务体系中，并借助气象、地震、环保、安监等部门的技术设备来开展旅游安全风险的预防与预警，警示旅游者和旅游企业采取安全的旅游行为和经营行为，并在旅游应急管理中发挥重要的作用，旅游突发事件发生后进行一系列控制和处置，形成全面的、立体的旅游安全科技保障，为旅游行业构筑一道安全“防护网”。

2.4 走出去时代要求保障出境旅游安全，跨区域旅游安全合作成为大区域间旅游安全的重要保障

当前，我国公民出境旅游目的地已超过150个，出境旅游人数迅猛增长的同时，也经常发生我国游客在境外遇到安全事件、服务质量纠纷等问题，遭遇因自然灾害、公共卫生事件、恐怖袭击、政局动荡等事件造成的中国游客滞留、暂停或被迫取消行程等事故[8]，中国游客在境外发生涉水溺亡、被盗以及交通安全事故越来越多[9]。“加强安全防范，谨防盗窃抢劫”已成为中国驻各国使领馆海外旅游安全提醒信息中出现频率最高的词汇。因此，构建旅游安全信息共享平台和中国公民境外旅游安全信息系统，加强国际旅游安全协同治理；深化国际旅游安全合作，加强国际联防联控、共同应对旅游突发事件，提升突发事件处置水平，保障我国游客在世界各地安全、自由的旅游往来已经成为旅游部门重要的任务。

同时，需与相互签订旅游备忘录的国家搭建旅游安全合作机制，构建跨国旅游安全合作机制。一是继续完善出境旅游安全风险信息提示。针对境外目的地的安全形势，通过权威渠道，发布旅游安全警示信息。二是需要继续加强领事保护。以驻外领事机构为桥梁纽带，以外交、旅游主管部门等相关部门为主体，构建通力合作的国内出境旅游安全协调机制和应急救援机制。三是建立国际旅游安全应急联席会议制度。定期召开的旅游安全应急联席会议，就国际旅游安全应急的问题进行会晤、交流，通过磋商，求同存异。四是搭建国际旅游突发事件应急信息处置平台，实现相互之间旅游安全信息的共享和交流，提供相互之间旅游安全的动态信息，以提高各国旅游安全监测和预警能力。五是国际旅游应急预案编制与演练合作。主要根据各国旅游突发事件和相互之间的应急支援能力等情况，编制国际能相互对接和共享的应急预案。六是需要加快建立出境旅游安全保障体系，构建中国公民境外旅游安全国际救援系统。形成以政府为主导，非政府组织、企业、个人等参与，多方协同合作的中国公民境外旅游安全紧急救援体系。

3 新时代大旅游安全治理格局构建

3.1 构建“新时代共建共治共享大旅游安全治理格局”成为新时代旅游发展新常态的主旋律

《旅游法》出台与新政策要求大旅游安全治理格局，《旅游法》规定“区域旅游安全的监管主体为县级以上人民政府”。因此，区域旅游发展需要构建以县人民政府为核心的“共建共治共享大旅游安全治理格局”。同时，新时代对旅游安全治理提出新要求，党的“十九大”报告明确提出要“打造共建共治共享的社会治理格局”。加强社会治理制度建设，完善党委领导、政府负责、社会协同、公众参与、法治保障的社会治理体制，提高社会治理社会化、法治化、智能化、专业化水平；要树立安全发展理念，健全公共安全体系，完善安全生产责任制，坚决遏制重特大安全事故，提升防灾减灾救灾能力；要加快社会治安防控体系建设、加强社区治理体系建设，推动社会治理重心向基层下移，实现政府治理和社会调节、居民自治良性互动。这就要求新时代背景下要完善旅游安全治理体系，打造大区域旅游安全治理格局，实现旅游安全共治、共享机制，树立共同、综合、合作、可持续的新旅游安全观，建立更加有效的区域旅游安全治理新机制，完善旅游公共安全服务体系，形成良好的旅游秩序和高效的旅游安全治理机制。

3.2 新时代大旅游安全治理的主体与措施

随着旅游发展趋势不断变化，需要明确新时代大旅游安全监管主体，有助于打造共建共治共享的旅游安全治理格局。其中县级以上人民政府是区域旅游安全的监管主体，是落实原国家旅游局“515战略”及构建旅游安全保障网的责任人。因此，以构建县一级人民政府为主体的旅游安全监管体系和旅游安全保障网为切入点，推进大旅游安全治理格局的形成。

第一，构建新常态下大旅游安全的供给体系。新常态背景下旅游安全形势更加复杂多变，因此需要以游客安全问题、旅游资源风险、危机事件舆情安全等问题为新时代旅游安全与风险的关注点，以构建应对新常态的旅游安全监管与风险防范体系为基准点，打造区域性安全服务供给与游客美好安全需求相匹配的安全治理格局。将新技术更广泛地嵌入旅游公共安全服务体系中，协同多部门技术力量，共建共治共享大旅游安全治理与风险防范格局[10]。

第二，搭建共建共治共享的旅游安全治理格局。以各地区开展与推进全域旅游为切入点，以共建共治共享大旅游格局的形成为全域旅游验收标准点，制定与实施相应的评定标准；组建旅游安全治理格局建设检评队伍，对全国全域旅游示范点进行检查评审。

第三，构建共建共治共享的大旅游安全保障网。以构建区域性共建共治共享的大旅游安全治理体系为任务，以县一级人民政府为区域旅游安全与风险的监管主体和落实安全保障网的责任人，联动政府多部门监管与执法，协调保险业创新、开设全域旅游专项保险险种，构建人民大众满意的共建共治共享区域性旅游安全保障网。

3.3 新时代共建共治共享大旅游安全治理体系构建思路

《旅游法》规定，旅游安全治理体系应是以县级以上人民政府负责

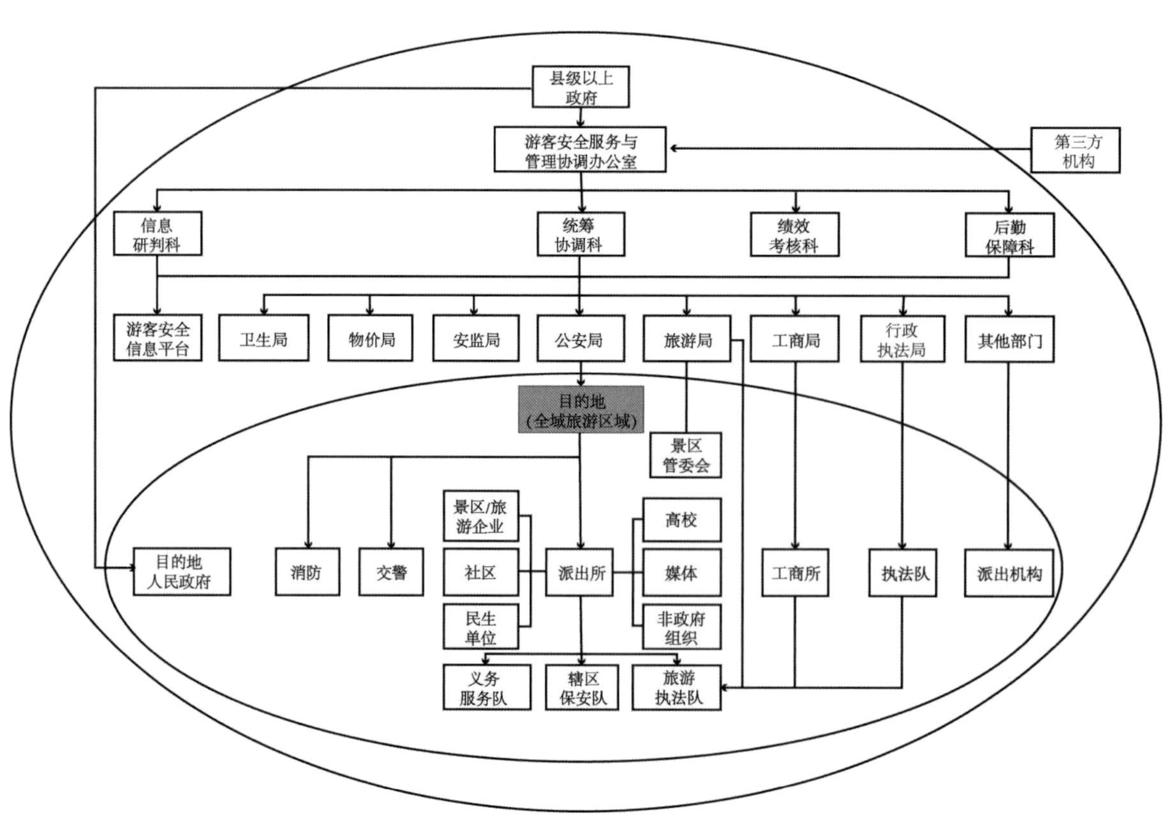

图4 新时代大旅游安全保障体系与安全治理格局

协调的、目的地公安部门主导的、社会共建共治共享的风险防范与安全治理体系。这个新治理体系的核心理念是在游客安全管理与服务并重基础上，建立全社会共建共治共享的新时代大旅游风险防范与安全保障的安全治理体系，并具有全社会的“事先预防与应急响应相结合”的安全防控与安全治理格局。

这个治理体系在基层操作层面借鉴了鼓浪屿、杭州西湖、拉斯维加斯等地的多元主体参与、社会力量辅助的旅游安全管理网络型组织架构，参照旅游警务的运行模式与机理[11]，以派出所为主体，横向联动旅游企业、景区、高校、媒体、社区、民生单位、非政府组织等主体，纵向设置由派出所统一管理的义务安全队伍和旅游企业的保安队伍[12]，基于全域旅游“域变”需要的全社会共建共治共享的新时代大旅游安全治理体系。从而形成由县级以上政府统一负责与协调的、全社会多部门参与的共建共治共享的新时代大旅游风险防范与安全保障体系和安全治理格局（图4）。

大旅游安全治理体系需强调以下特点：（1）大旅游安全治理格局协调的有效性。在县一级政府下设立大旅游安全管理与服务协调办公室，负责游客不安全信息发布、风险状况研判及预案启动、各职能部门安全治理工作协调，成为旅游安全保障体系运作的后勤保障，并对旅游地游客安全管理进行考核。（2）信息平台的共建共享性。通过与110、120、12315、119、旅游投诉热线等平台协同，构建区域性安全信息平台。通过共享信息平台共建，提高游客投诉意见和游客不安全信息收集，加强与高校、科研单位的合作及联动，提高安全治理机构制定区域安全管理方案的效度，改善安全管控与风险防范的治理模式，能在第一时间让管理主体通过安全信息平台向区域游客发出游客安全风险预警。（3）公共安全资源整合与共享性。通过县级层面的区域性旅游安全执法队伍构建，助推新时代大旅游安全治理模式中的警政跨部门资源共享，加强跨部门的协同共治，提高多部门安全管理效能和共享效率。县级层面的区域性旅游安全执法队伍推进了区域内的公共安全资源整合与共享，通过“旅游警务”弥补社区基层派出所旅游执法职能欠缺与空白，提高区域性社会安全治理能力的共治与共享。

参考文献

[1] 万红莲，张咪，宋海龙，等. 1990—2016年国内旅游安全研究述评[J]. 经济地理，2018，38（02）：213－219.

[2] 邹永广. 意识与应景：中国旅游安全政策演进特征研究[J]. 旅游学刊，2018，33（06）：110－122.

[3] 皮常玲，郑向敏. 关注安全与风险，共建共治共享旅游安全保障网——2017—2018年中国旅游安全形势分析与展望[J]. 华侨大学学报（哲学社会科学版），2018（02）：60－71.

[4] 谢朝武，黄锐. “21世纪海上丝绸之路”旅游安全风险与合作治理[J]. 旅游导刊，2018，2（05）：80－85.

[5] 皮常玲，郑向敏. 基于域变视角的全域旅游安全管理体系研究[J]. 河南大学学报（社会科学版），2018，58（01）：37－44.

[6] 殷杰，郑向敏. 高聚集游客群系统的结构解析与运行机理——理论与实践双重视角的研究[J]. 经济管理，2018，40（08）：120－134.

[7] 殷杰，郑向敏. 高聚集游客群安全的影响因素与实现路径——基于扎根理论的探索[J]. 旅游学刊，2018，33（07）：133－144.

[8] 邹雅真，谢朝武. 大陆游客赴台旅游安全事件结果特征及其引致因素研究[J]. 旅游学刊，2016，31（08）：81－89.

[9] 李月调，谢朝武，王静.时空因素对我国赴泰旅游安全事件的影响[J].世界地理研究，2017，26（05）：128－135.

[10] 同[3].

[11] 董斌彬，郑向敏，谢朝武.旅游型海岛的犯罪现象：鼓浪屿案例研究[J].旅游学刊，2016，31（04）：118－126.

[12] 董斌彬，郑向敏，殷杰.旅游警务服务管理模式的探索性构建——基于福建崇武的经验[J].旅游学刊，2018，33（04）：113－126.

中国旅游应急管理体系的演进历程与建设机制

Development Phases and Construction Mechanism of Tourism Emergency Management System in China

文 / 谢朝武

【摘 要】

中国正处于从旅游大国迈向旅游强国的历史进程中，旅游应急体系建设是中国新时期旅游业发展的重大战略需求。本研究从旅游应急管理的体制、机制、法制和预案结构等层面系统阐明了我国旅游应急体系的演进历程，并分析了我国旅游应急体系的发展框架和机制结构。研究提出，中国旅游业应构建包括预防与应急准备机制、应急监测与预警机制、应急处置与救援机制、事后恢复与重建机制在内的综合性旅游应急管理机制体系。同时，中国旅游业应该从国家旅游业、区域旅游业、目的地旅游业和旅游企业四个层次进行应急体系建设。

【关键词】

旅游应急体系；发展进程；发展框架；机制结构

【作者简介】

谢朝武 华侨大学旅游学院教授、博士生导师

注：本文图片除标注外均由作者提供。

中国正处于从旅游大国向旅游强国迈进的时代进程中，中国旅游业的快速发展和安全发展需要完善的旅游应急体系的支撑。科学、系统的旅游应急体系既是保障我国旅游业安全发展和健康发展的关键基础，也是我国旅游业综合管理水平提升的重要标志。加强旅游业的应急体系建设，铸造综合性的旅游业应急能力，是推动新时期我国旅游业健康发展的重大战略任务。历经较长时期的发展，中国旅游应急管理的体制、机制、法制和预案等工作体系已初步开始建立。但是，我国旅游应急体系还面临持续的变革压力。特别在当前背景下，我国的旅游应急工作应正视这种结构性挑战，不断推动旅游应急体系的成熟与完善，这是推进我国旅游应急管理工作的重要基础。

1 中国旅游应急管理体系的演进历程

旅游应急管理体系的核心内容主要包括旅游应急管理的体制、机制、法制和预案，它是旅游应急管理工作开展的基础，是反映旅游应急管理工作水平的重要标志。我国的旅游应急体系还处在建设与发展过程中，其成熟与完善需要各级旅游管理部门、旅游企业、旅游者等功能主体共同努力。

1.1 中国旅游应急管理体制的演进历程

旅游应急机构的设置及其权限与职责的划定是旅游应急体制建设的重要内容。由于旅游应急管理是旅游安全管理的重要构成，旅游应急工作主要是在旅游安全工作的整体框架下开展活动，因此我国的旅游应急体制建设基本上从属于旅游安全体制的建设。但是，旅游应急体制建设也表现出自己的特殊性和独立性。

早在20世纪90年代，我国就已经对旅游安全机构的设置及其安全职责进行了明确的规定。我国1990年颁布的《旅游安全管理暂行办法》规定[1]，各级旅游行政管理部门必须建立和完善旅游安全管理机构。2005年7月，原国家旅游局发布了《旅游突发公共事件应急预案(简本)》[2]，预案规定，“国家旅游局设立旅游突发事件应急协调领导小组，下设领导小组办公室负责具体工作；市级以上旅游行政管理部门设立旅游突发事件应急领导小组。领导小组下设办公室，具体负责本地区旅游突发事件的应急指挥和相关的协调处理工作”（表1）。同时，预案还对领导小组的工作职责进行了明确划定。其中，原国家旅游局旅游突发事件应急协调领导小组负责“协调指导涉及全国性、跨省区发生的重大旅游突发事件的相关处置工作，以及涉及国务院有关部委参加的重

表1 我国地方旅游应急管理体制的基本结构（2018年大部制改革前）

应急层级	旅游安全与应急管理的机构	范例
省级旅游主管部门	专设的安全应急机构	北京旅游发展委员会“旅游安全与应急处”
		浙江省旅游局安全管理处
		吉林省旅游局综合协调处
	合并设立的安全应急机构	山西省旅游局行业管理处（安全监管处）
		河南省旅游局办公室（综合协调处）
	依托相关处室开展安全应急工作	福建省旅游局依托行业管理处
		上海市旅游局市场管理处
副省级城市旅游主管部门	合并设立的安全应急机构	杭州市旅游委行业管理处（安全管理处）
	依托处室开展安全应急工作	宁波市旅游局监督管理处
		长沙市旅游局行业管理处
地市和县级旅游主管部门	依托相关科股开展安全应急工作	洛阳市旅游局依托行业管理科
		绍兴县旅游局行业管理科
		铅山县旅游局行业管理处

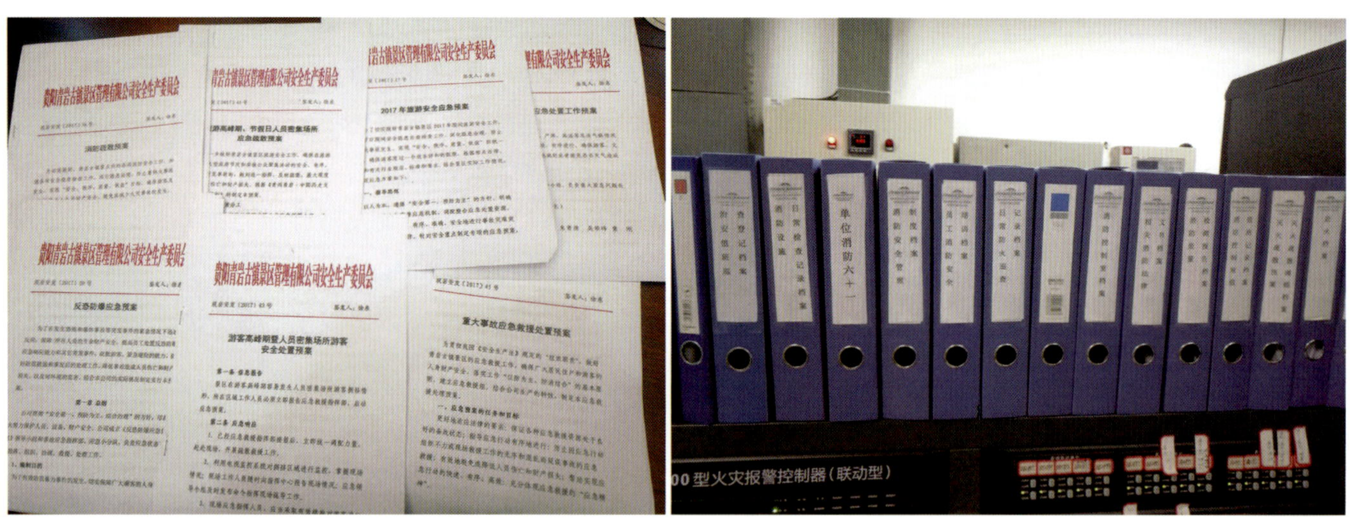

图1 贵州旅游安全工作部分资料

大旅游突发事件的处置、调查工作，有权决定本预案的启动和终止；对各类信息进行汇总分析，并上报国务院。领导小组办公室主要负责有关突发事件应急信息的收集、核实、传递、通报，执行和实施领导小组的决策，承办日常工作”。地方旅游行政管理部门设立的领导小组及其办公室则主要负责“监督所属地区旅游经营单位落实有关旅游突发事件的预防措施；及时收集整理本地区有关危及旅游者安全的信息，适时向旅游企业和旅游者发出旅游警告或警示（图1）；本地区发生突发事件时，在本级政府领导下，积极协助相关部门为旅游者提供各种救援；及时向上级部门和有关单位报告有关救援信息；处理其他相关事项”。[3]

我国的旅游部门在处理旅游安全与应急管理任务时，普遍发现旅游部门存在安全职责过大、管理边界模糊、管理手段有限等问题。业界对于旅游部门在安全与应急工作的基本角色和定位一直存有争议。2008年，国务院发布《国务院关于机构设置的通知》(国发〔2008〕11号)，批准了《国家旅游局主要职责、内设机构和人员编制的规定》（即国家旅游局“三定方案”），明确原国家旅游局“负责旅游安全的综合协调与监督管理，指导应急救援工作”，并明确规定综合协调司应“承担旅游安全综合协调工作，指导旅游应急救援和保险工作”。这表明“旅游安全的综合协调与监督管理”是旅游系统的基本职责，旅游系统在“旅游应急救援和保险工作”中也承担着指导责任。

2018年3月，我国大部制改革方案出炉，应急管理部、文化和旅游部等新的国家部委成立。其中，应急管理部的三定方案明确了其负责应急管理工作，指导各地区各部门应对安全生产类、自然灾害类等突发事件和综合防灾减灾救灾工作。负责安全生产综合监督管理和工矿商贸行业安全生产监督管理工作。文化和旅游部则是由市场管理司负责旅游安全综合协调和监督管理工作[4]。

由此，我国基本建立起自上而下的旅游应急管理体制。其中，国务院和县级以上地方各级人民政府是突发事件应对工作的行政领导机关。应急管理部是突发公共事件应急管理工作的最高行政领导机构，承担国家应对特别重大灾害指挥部工作，协助党中央、国务院指定的负责同志组织特别重大灾害应急处置工作。文化和旅游部及地方各级旅游主管部门都设置或依托相关的下属机构进行日常旅游应急管理工作。文化和旅游部市场管理司在文化和旅游部领导下开展全国范围内旅游安全的综合协调工作，是指导旅游应急救援和旅游保险工作的机构。

1.2 中国旅游应急管理机制的演进历程

旅游应急管理机制是指在应对旅游突发事件的过程中，所采取的各种制度化、程序化的应急管理方法与措施，它是对旅游应急主体之间工作关系、工作流程和工作方法的有序规范。科学的应急机制是有效应对旅游突发事件的前提基础。我国对应急管理机制的建立提出了多方面的要求。2003年10月，中国共产党第十六届三中全会提出“建立健全各种预警和应急机制，提高政府应对突发事件和风险的能力”；2004年9月，中国共产党第十六届四中全会提出了“建立健全社会预警体系，形成统一指挥、功能齐全、反应灵敏、运转高效的应急机制，提高保障公共安全和处置突发事件的能力”的要求。2006年1月，《国家突发公共事件总体应急预案》提出[5]，应“构建统一指挥、反应灵敏、协调有序、运转高效的应急管理机制”。

旅游应急管理机制是对旅游应急管理任务的结构性反应，是对旅游应急管理工作内容的高度凝练。根据我国旅游应急管理工作实践，我国各级旅游管理部门所建立和执行的应急管理机制主要包括旅游预防与应急预备机制、旅游应急监测与预警机制、旅游应急处置与救援机制、旅游恢复与重建机制、旅游突发事件处置的社会动员机制、旅游应急保障机制、旅游突发事件处置的部门协作机制等机制结构与内

表2 旅游应急管理机制与我国的典型案例做法

机制类型	机制内容	典型案例与做法
预防预备机制	旅游突发事件的事前预防与治理	甘肃省：实施“安全旅游目的地”战略，使A级景区应急预案备案率达100% 新疆维吾尔自治区：旅游行政部门与旅行社签订了安全承诺书 上海市：抓安全防范、旅游统保、动态监管、旅游电子合同等游客安全服务 哈尔滨市：落实安全法规、签订责任状、实行安全生产一票否决
监测预警机制	旅游突发事件的事发监测与预警	广西壮族自治区：建立旅游安全预警平台 海南省：建立多方合作预警机制 西藏自治区：完善预警发布制度，建立全方位立体救援网络
处置救援机制	旅游突发事件的事中响应与救援	湖北省：建立“旅游投诉首接负责制” 北京市：建立野外山区应急救援辅助定位系统，建立全方位安全保障体系
恢复重建机制	旅游突发事件的事后恢复与重建	四川省：汶川地震后四川旅游业确立了“旅游业是恢复重建的先导产业、旅游业率先恢复重建的管理机制”
社会动员机制	旅游应急过程中社会资源的组织与调配	四川省：四川旅游局在恢复重建中建立了广泛的社会动员机制，通过对口援建和“大爱无疆”旗帜下的全民动员，为四川和四川旅游业的恢复重建提供了重要的社会资源基础
应急保障机制	旅游应急资源的组织、储备与配置	原国家旅游局：推广的旅行社责任保险统保机制 云南省：建立旅游安全组合保险机制，实现集中统一的全行业“统保投保”模式，由保险共同体负责旅游安全事故的集中处理 海南省：各个保险公司联合成立“共保办”，建立“先行垫付”的安全救援机制，发展“旅游综合保险”产品体系 贵州省：建立“旅保合作”机制，强化各级旅游部门同保险监管部门的联系 西安市：加入国际救援体系，规划三级卫生医疗体系
部门协作机制	与相关部门的协调、联络、联合应急	各级旅游部门：国家旅游局和地方各级旅游主管部门与保险、公安消防、安监、交通、质检、气象等部门建立的协作机制 广州市：健全联络制度、责任统保制度，开展跨部门事故研讨会 苏州市：落实旅行社责任险统保制度，建立政府、社会、行业相结合的监管体系

资料来源：国家旅游局综合司.2012旅游公共服务座谈会交流材料.2012，4.

容。其中，预防与应急预备机制、监测与预警机制、处置与救援机制和恢复与重建机制等是旅游应急管理中的基本机制，它们是对旅游突发事件事前、事发、事中和事后等不同阶段所执行的基本管理任务与工作，是推动旅游突发事件有序处置的基本过程机制。社会动员机制、应急保障机制、部门协作机制是旅游突发事件处置的重要辅助机制，它们是在旅游突发事件处置的全过程中、推动旅游应急工作进行的重要方法和手段。社会动员机制主要承担旅游应急过程中社会资源的组织与调配任务。应急保障机制主要承担旅游应急资源的组织、储备与配置任务。部门协作机制主要承担与相关部门的协调、联络和联合应急任务，以推动旅游部门应急工作进行。

如表2所示，我国近年来各省市旅游管理部门在旅游应急管理机制的建设上做出了积极的努力，面向应急管理机制建设提出了各种丰富的方法、手段和措施。

1.3 中国旅游应急管理法制的演进历程

旅游业是一个庞大的产业体系，涉及食、住、行、游、购、娱等各类要素企业，因此所涉及的旅游安全与应急问题类型复杂、体系庞大。在管理调控上，不仅旅游行政管理部门承担着旅游安全与应急职责，安监、公安、消防、交通、卫生、质监、宗教、文化、建设、农业、林业、水利等相关部门也承担着相关业务领域中的旅游安全监管职责。因此，旅游安全与应急管理的法制建设既包括旅游部门的法制建设，也包括非旅游部门的发展建设。

我国旅游部门的旅游安全与应急法制建设经历了长期的发展过程。1990年2月，原国家旅游局颁布了《旅游安全管理暂行办法》，这是我国第一部对旅游安全进行专门规范的综合性部门规章。1993年4月，原国家旅游局颁布了规范性文件《重大旅游安全事故报告制度试行办法》和《重大旅游安全事故处理程序试行办法》。1994年1月，原国家旅游局又颁布了《旅游安全管理暂行办法实施细则》。这些部门规章和规范性文件的颁布，开启了我国对旅游安全进行综合治理的重要篇章，为我国旅游安全管理工作打下了重要的法制基础。在上述文件中，《旅游安全管理暂行办法》具有重要的基础性作用，该《办法》明确旅游安全管理工作应贯彻“安全第一，预防为主”的方针，并遵循“统一指导、分级管理、以基层为主”的原则。该规章将旅游安全管理机构的职责明确为指导旅游企事业单位落实相关法规、开展安全宣传教育（图2）、检查验收企业的设施（图3）、受理和处理安全投诉、制度建设和参与事故处理等方面，并对事故发生单位的事故处理程序、处理外国旅游者重大伤亡事故时的注意事项和事故处理的报告内容等进行了规范。

随着我国旅游业的发展和对旅游安全管理要求的增加，我国旅游业开始尝试对旅游活动进行专项规范，以解决旅游安全管理中的突出问题。1996年10月，国务院颁布了行政法规《旅行社管理条例》，该条例对旅游者的人身、财物安全保障提出了明确的要求。1998年4月，原国家旅游局颁布了《漂流旅游安全管理暂行办法》，对漂流旅游活

图2 北京市西城区A级旅游景区安全演练 徐文晴/摄

图3 工作组在贵州进行旅游安全工作检查

动的安全管理进行了明确规范。2001年5月，原国家旅游局发布《旅行社投保旅行社责任保险规定》。2001年12月，我国对《旅行社管理条例》（2001年）和《旅行社管理条例实施细则》（2001年）进行了修订，这些文件既强化了我国旅游安全的专项治理，也确立了旅行社投保责任保险的重要制度[6]。

2002年，《中华人民共和国安全生产法》颁布，为我国不同行业的安全管理提供了基础性的法律保障。2006年，原国家旅游局发布了《关于加强探险旅游安全管理工作的通知》。2007年发布了《关于加强旅游大型群众性活动安全管理的通知》。我国旅游安全管理开始走向既重视全面治理，又重视专项整治的纵深发展阶段。但是，随着旅游业业态和产业模式不断变迁，《旅游安全管理暂行办法》等法律文件开始不能适应新形势下我国旅游安全的发展态势。

为了应对这种形式，原国家旅游局于2008年5月启动了《旅游安全管理暂行办法》的修订工作。2009年7月，原国家旅游局就《旅游者安全保障办法（初稿）》向社会各界征求意见。在该办法中，传统的以安全监管作为主导模式的管理体系开始向“监管、服务和协同”并重的综合治理模式转变，这一重要思想同时也反映在该时期我国旅游业的安全管理实践中。

2013年4月25日，《中华人民共和国旅游法》通过全国人大审议并予公布。《中华人民共和国旅游法》的第六章专门对“旅游安全”进行规范，强调打造安全的旅游目的地，保障旅游者的人身财产安全。它确立了“政府统一负责、部门依法监管、旅游经营者具体负责、旅游者自我保护”的全程责任制度。其基本的治理思路包括：“第一，设立事前预防制度，包括旅游目的地安全风险提示、流量控制，旅游经营者安全评估、警示、培训等；第二，设立事中安全管理制度，包括政府安全监管和救助，旅游经营者报告和救助，旅游者遵守安全规定等；第三，设立事后应急处置制度，包括政府和旅游经营者处置责任，旅游者配合并依法承担费用等义务。[7]”

2016年12月，原国家旅游局颁布的《旅游安全管理办法》开始实施，原有的《旅游安全管理暂行办法》废止。《旅游安全管理办法》对旅游经营者的安全经营、旅游行政部门的安全管理、风险提示等进行了规范，为新时期旅游安全工作提供了法制依据。

在我国旅游安全与应急法制的建设过程中，2007年颁布的《中华人民共和国突发事件应对法》具有重要意义，它对包括旅游业在内的行业应急管理进行了全方位的规范和保障，它是我国旅游业进行应急管理工作的重要法律依据。《突发事件应对法》的颁布奠定了我国应急管理工作的法律基础。

1.4 中国旅游应急管理预案的演进历程

我国应急管理预案的制订工作在“SARS”事件后得到高度重视。2005年1月，国务院常委会讨论通过《旅游突发公共事件应急预案》。同年4月，国务院做出关于实施《国家突发公共事件总体应急预案》的决定。

表3 我国旅游应急管理的预案体系

应急预案发文机构	名称及施行日期
国务院	《国家突发公共事件总体应急预案》(2006-01-08)
	《国家自然灾害救助应急预案》(2006-01-11施行，2011-10-16日修订)
	《国家安全生产事故灾难应急预案》(2006-01-22)
	《国家突发公共卫生事件应急预案》(2006-02-26)
	《国家涉外突发事件应急预案》(2005-08-08)
原国家旅游局	《旅游突发公共事件应急预案》(2005-07)
	《中国公民出境旅游突发事件应急预案》(2006-04-26)
省级旅游管理部门	《河南省旅游突发公共事件应急预案》(2007-11-23)
	《安徽省旅游突发公共事件应急预案》(2009-06-22)
	《北京市旅游突发事件应急预案》(2009-09-07)
地市旅游管理部门	《成都市旅游突发公共事件应急预案》(2006-11-08)
	《深圳市旅游突发事件应急预案》(2008-08-04)
	《深州市旅行社组团出境旅游突发事件应急预案》(2011-06-29)
县级旅游管理部门	《苍溪县文化体育旅游局涉旅安全事故应急救援预案》(2007-09-06)
	《东阿县旅游突发公共事件应急预案》(2009-12-17)
	《永定县旅游突发事件应急预案》(2011-11-06)

同年5~6月，国务院印发四大类25件专项应急预案，并相继发布80件部门预案和省级总体应急预案[8]。我国逐步形成了适应我国社会发展需要的综合性和专项应急预案体系(表3)。

我国旅游业的应急预案建设工作是在国家应急预案建设工作的基础上开展的。2005年7月，原国家旅游局发布了《旅游突发公共事件应急预案》。2006年4月，原国家旅游局又发布了《中国公民出境旅游突发事件应急预案》。这两大预案的颁布实施，为我国旅游业的应急工作提供了规范和指南，也为各省市旅游应急预案的制定提供了依据和蓝本。我国旅游业的相关行业协会在旅游应急预案的制订中也发挥了积极作用。例如，2008年5月11日，中国饭店业协会发布了《中国饭店行业突发事件应急规范(试行)》。

在此基础上，我国地方旅游管理部门也根据自身地域的实际情况，有针对性地建立起地方的旅游应急预案体系。例如，河南省2007年11月发布了《河南省旅游突发公共事件应急预案》，安徽省2009年6月发布了《安徽省旅游突发公共事件应急预案》，北京市2009年9月发布了《北京市旅游局突发事件应急预案》。在各旅游城市中，成都市是较早制订和发布旅游应急预案的城市。当然，我国许多地方所制定的旅游应急预案也存在针对性不强、具体性不强、操作性不强、兼容性不强和公众参与度不强等问题。我国的旅游应急预案体系需要根据我国旅游业的发展实践不断提升，也需要随着我国旅游应急研究水平的提升而不断优化提升。

2 中国旅游应急体系的发展框架

旅游应急体系是由旅游应急体制、旅游应急机制、旅游应急法制和旅游应急预案等所构成的综合性的应急系统。旅游应急体系建设是构建旅游应急的体制、机制、法制、预案及其物质技术基础，从而具备旅游突发事件的应对条件，形成旅游综合应急能力的系统过程。旅游综合应急能力的构成结构和实施水平是衡量旅游应急体系建设与发展水平的主要标志。

旅游业是一个层次丰富的产业体系，它既包括旅游饮食、旅游住宿、旅游交通、游览观光、旅游购物、旅游娱乐等丰富的分支行业，也包括旅游者、旅游从业人员、旅游企业、旅游主管部门等多元化的利益主体。从区域尺度来看，旅游业又可分为国家旅游业、区域旅游业和目的

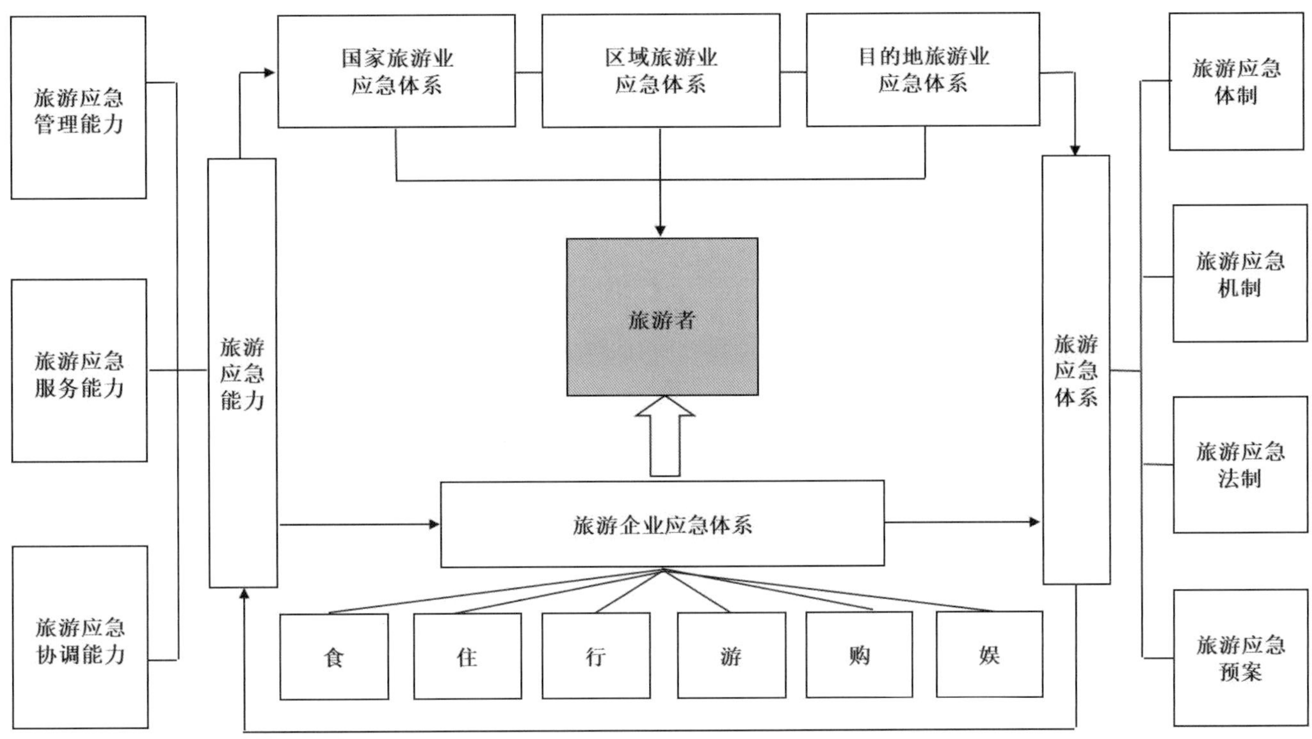

图4 旅游应急体系的发展框架

地旅游业等产业层次。旅游应急工作是一个受产业尺度影响的综合任务体系，在不同的产业尺度下，旅游应急的体制、机制、法制和预案等具有不同的结构、内容和支撑要素。因此，旅游应急体系的建设应该区分产业尺度，分别从国家旅游业、区域旅游业和目的地旅游业等角度进行具体建构。

不论在何种产业尺度下，旅游应急工作都必须依托旅游企业，依靠旅游企业的主体应急能力来发挥支撑作用。因此，旅游企业层面的应急体系在旅游业应急体系的整体框架中具有重要的地位和作用。由于不同旅游企业的业务体系具有较大的差异性，因此构建针对性的旅游企业应急体系是旅游应急体系建设工作的重要内容。

旅游综合应急能力包含了旅游应急管理能力、旅游应急服务能力和旅游应急协调能力等能力结构。旅游应急管理能力是指在旅游应急领域所形成的计划、组织、领导和控制能力。旅游应急服务能力是指通过服务的形式和手段、面向旅游者和旅游企业提供应急帮助的能力。旅游应急协调能力是指协调旅游业以外的相关职能部门和利益主体共同处置旅游突发事件的能力。旅游综合能力提升是旅游应急体系建设的目标，旅游应急体建设是旅游综合能力提升的前提。

由此，我们可以提出如图4所示的旅游应急体系的发展框架。旅游应急体系的作用发挥需依靠旅游应急能力的形成，旅游应急能力的终极服务对象是旅游业的客户对象即旅游者。不论何种层次的旅游应急体系建设，都应将旅游者的安全需求置于最基础的决策平台。

3 中国旅游应急体系的机制结构

近年来，我国旅游业一直处于快速发展轨道。但我国旅游业的突发事件也呈高发态势。从SARS危机使中国旅游经济一度疲软，到“5·12”大地震给四川旅游业带来的巨大冲击，重大突发事件给旅游业界和理论界不断敲响警钟。它们深刻地表明，传统的事发应急管理已经无法满足“风险社会”下我国旅游业可持

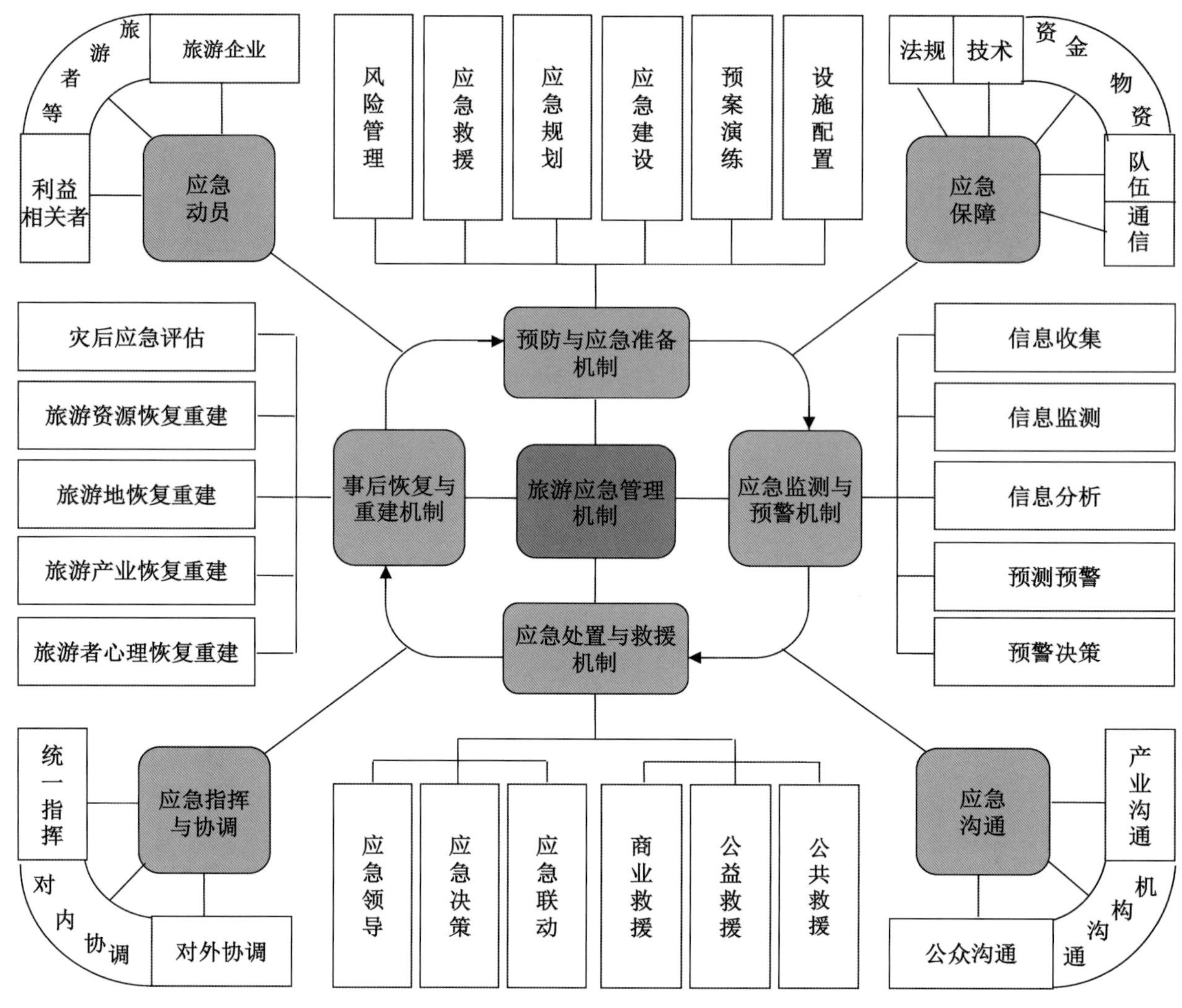

图5 旅游应急管理的机制体系

续发展的需求。突发事件一旦爆发，旅游业的敏感性便凸显出来。面对各类突如其来的旅游突发事件，缺乏完备的应急管理体系的旅游地极可能表现出其脆弱的一面，并因此遭受难以估量的损失。

因此，我国旅游业必须改变传统的事发应急管理模式，改变只重视事中应急处置的任务管理方式，强调建立起以风险识别和风险消除为主要导向的主动防御型应急管理体系。旅游业应构建包括预防与应急准备机制、旅游应急监测与预警机制[9]、旅游应急处置与救援机制[10]、旅游事后恢复与重建机制在内的综合性旅游应急管理机制体系（图5）。旅游应急管理的核心机制是预防、减缓、处置、恢复旅游突发事件所依赖的核心任务机制，是旅游应急管理的核心过程。为完成旅游应急管理的核心机制任务，旅游应急主体需要通过应急保障、应急沟通、应急指挥与协调、应急动员等手段和方式来支撑旅游应急过程，以提升旅游应急管理的成效，因此应急保障、应急沟通、应急指挥与协调和应急动员等机制任务是旅游应急管理的重要辅助机制。

4 中国旅游应急体系的建设机制

旅游应急体系建设是推动我国旅游业健康发展和安全发展的

重大战略需求，科学合理地推动旅游应急体系的建设工程，有利于我国旅游应急体系的科学发展和系统发展，并将为我国旅游业提供有力的安全保障。

4.1 加强旅游应急体系的战略引导

旅游应急体系建设是一个战略工程，需要明确的战略定位和战略引导。在当前时期，我国旅游业应该将旅游应急体系建设视为旅游业的基础工程和战略工程，加大战略投入，以促进旅游应急体系的早日建成和完善。从战略定位来看，我国早期的旅游应急工作较为注重事中的应急处置和事后的善后协调，对于事前的风险预防和事发的风险预警工作则还缺乏足够的重视。从成本管理的角度来看，旅游突发事件的发生意味着巨大的成本浪费。因此，我国旅游应急体系建设应提倡预防为本的风险管理思想，强调建立“重预防、兼顾应急”的旅游应急体系，要在预防和应急预备水平优先提升的前提下发展综合应急能力，这是推动我国应急效益提升的重要战略方针。

4.2 强调旅游应急能力的综合构建

旅游应急能力的建成是旅游应急体系建设的最终目标。旅游综合应急能力应该是包括旅游应急管理能力、旅游应急服务能力和旅游应急协调能力的综合性能力结构。传统的旅游应急体系建设主要强调旅游应急管理能力的提升，较少强调旅游应急服务能力和旅游应急协调能力的提升。在服务型政府建设的时代背景下，强化旅游应急服务能力的建设，使各级旅游管理部门具有面向游客提供应急咨询、预警、救援等综合应急服务能力，是实现旅游应急工作优化升级的重要表现。同时，旅游行政管理部门应该具有综合协调思想，积极协调和利用相关的专业部门和专业机构，服务于旅游业的应急工作，这是促进旅游系统应急能力提升的重要途径和方式。

4.3 推动旅游应急体系的分层建设

旅游应急体系的建设是一个系统工程。由于旅游业包含丰富的产业类型和产业层次，单一的应急系统和架构难以应对复杂的旅游突发事件。因此，我国旅游应急系统的建设应该区分产业尺度，分别从国家旅游业、区域旅游业、目的地旅游业和旅游企业等产业层次进行分层建设。在国家旅游业层次，文化和旅游部等主管机构应该承担旅游应急顶层设计的职责，推动旅游应急体制、机制、法制和预案的顶层建设。在省域为代表的区域旅游业，省域旅游主管部门应该强化政策支持和应急资源构建，并强化区域旅游业的应急合作与交流体系建设。目的地旅游业应该以旅游地为载体，承担属地负责的应急职责建设，并面向旅游企业和旅游者进行应急服务体系建设。旅游企业则应该基于业务活动进行一线安全生产体系和应急服务体系建设，强化一线的综合应急能力建设。

参考文献

[1] 国家旅游局. 旅游安全管理暂行办法[Z]. 1990年3月1日施行.

[2] 国家旅游局. 国家旅游局旅游突发公共事件应急预案(简本)[Z]. 2005年7月.

[3] 国家旅游局. 旅游突发公共事件应急预案(简本)[Z]. 2005年7月.

[4] 国务院. 国务院关于机构设置的通知(国发〔2018〕6号)[Z]. 2018-03-24.

[5] 国务院. 国家突发公共事件总体应急预案[Z]. 北京: 国家法制出版社, 2006.

[6] 郭志平. 旅游安全的法律规制研究. 旅游安全蓝皮书[C]. 北京: 社科文献出版社, 2012.

[7] 国家旅游局信息中心: http://www.cnta. gov. cn/html/2013-5/2013-5-16-12-12-85833. html, 2013-05-16.

[8] 新华资料. 突发公共事件应急管理[EB/OL]. [2012-11-20]. http://news.xinhuanet.com/ziliao/2006-01/17/content_4062615.htm.

[9] 谢朝武. 我国旅游安全预警体系的构建研究[J]. 中国安全科学学报, 2010, 20(8):170.

[10] 谢朝武. 我国旅游救援体系发展及推进策略研究[J]. 西南民族大学学报(人文社科版), 2010, 31(11): 164-168.

旅游目的地社区恢复力：治理模式与实现路径

Community Resilience of Tourism Destination: Governance Models and Implementation Path

文 / 郭永锐　胡淑卉

【摘 要】

随着自然灾害的频发以及社会经济的急速转型，恢复力逐渐成为推动社会经济系统可持续发展的新理念和新范式。旅游业是旅游目的地社区的重要经济来源，是提升社区生计的重要方式，深入理解旅游社区恢复力已成为旅游研究的重要方向。本文介绍了旅游目的地社区恢复力的内涵和管理模式，详细阐述了其社会性影响因素，最后提出了实现路径。希望通过本文，能够为旅游目的地社区恢复力培育和保持提供理论支撑。

【关键词】

旅游恢复力；社会资本；危机管理；旅游安全

【作者简介】

郭永锐　江苏师范大学历史文化与旅游学院副教授

胡淑卉　江苏师范大学历史文化与旅游学院硕士研究生

1 恢复力理论与旅游目的地治理

1.1 旅游目的地发展面临着日益复杂的内外部环境

作为一种重大的人类社会经济活动，旅游在推动社会经济发展中的重要作用已广为学术界和业界所接受和认可。世界上越来越多的国家和地区把旅游业作为推动经济发展和劳动就业的重要途径。我国已明确将旅游业确定为国民经济的战略性支柱产业。然而，旅游业属高敏感性产业，其发展受一系列不确定因素的影响，如经济危机、流行疾病、恐怖主义袭击、地震、海啸等危机和自然灾害极大地影响着旅游业的可持续发展（图1）。以2008 年的四川汶川特大地震为例，地震及其带来的滑坡、泥石流、堰塞湖、崩塌等大量次生灾害对四川旅游业造成了重大影响，大量的旅游资源、旅游基础设施和服务设施遭受毁灭性破坏。据统计，汶川大地震对四川旅游业造成的直接损失总值为465.92亿元，2008年四川省入境旅游人次同比下降59%[1]。最大限度地减轻灾害的影响和损失已成为旅游可持续发展的重要前提。

图1 2018年9月30日印尼帕卢强震和海啸　　图片来源：图虫网

1.2 危机管理从传统的被动管理转向前摄性的主动治理

传统的旅游目的地危机管理更多的是被动应对，而复杂多变的内外部环境引发的危机具有不确定性和不可预见性，从而使得传统危机管理模式无法有效应对危机带来的负面影响。在此背景下，旅游目的地危机管理需要从传统的被动式、自上而下式的管理模式转变为主动性、前摄性的管理模式，以期通过培育具有恢复力的目的地，前摄性地减少风险灾害发生的可能性和最小化负面影响。

1.3 恢复力成为推动旅游目的地可持续发展的新理念

面对重重挑战和危机，社会经济系统如何应对各种变化，保持自身的发展活力，成为一个亟待解决的重要问题。在这一背景下，恢复力逐渐成为推动社会经济系统可持续发展的一种新理念和新范式。一些学者甚至认为恢复力正在取代可持续发展成为社会和社区新的政治和决策目标。恢复力理论起源于生态学，最初用来描述生态系统应对外部环境扰动的能力。恢复力理论认为生态系统并非只存在于一个稳定状态，而是呈现多稳态结构。当系统的功能和基本结构跨越阈值时，系统就会从一个稳定状态进入另一稳定状态。一旦生态系统跨过阈值，那么很难或者不可能再返回之前的状态。根植于生态学的恢复力思想把不确定性和变化视为系统的恒定条件，强调了系统的适应性和多稳态的共存。在恢复力定义方面，尽管学者从不同的学科立场和研究视角提出了恢复力的不同定义，但是一个共同点是把恢复力理解为系统应对变化和扰动的能力。正是这一核心内涵推动恢复力概念超越早期的生态学领域，开始广泛地检验社会、社区以及社区企业的恢复力。

可持续发展通过把资源维持在一个标准的安全水平上来缓解或阻止系统的变化，而面对预期的或非预期的扰动，恢复力方法则试图通过能力构建来适应这种变化。面对不确定的未来，恢复力思想可能是增强社区生计、推动可持续发展的最优方式。目前，恢复力研究逐渐从早期的生态恢复力研究转向社会恢复力研究，尤其是社区恢复力的研究，开始成为理解社区应对和适应环境和社会变化的重要框架。恢复力的研究同样开始渗透到旅游研究领域。旅游业是一种资源依赖型产业，多处于气候及生态敏感地区和地质灾害多发区，旅游业发展进程经常因地震、泥石流和洪涝等一系列自然灾害的发生而遭受严重的干扰。旅游业是当地社区的重要经济来源，是提升社区生计的重要方式，深入理解旅游社区恢复力已成为旅游研究的重要方向。作为恢复力研究的新范式，社区恢复力强调了旅游系统中行动者的能动性和恢复力的社会维度，为理解系统的恢复力提供了新的视角[2]。

2 国外旅游社区恢复力的治理模式

面对风险不断的内外部发展环境，通过有效的治理模式构建具有恢复力的目的地成为管理者面临的重要课题。国外一些旅游目的地在社区恢复力治理模式方面进行了有益的探索，本文对此进行了引介。

2.1 适应性共同管理

适应性共同管理(Adaptive Co-management)是一个通过自组织和动态学习不断检测和修正既有制度安排，从而实现最优化管理模式的过程[3]。适应性共同管理是对传统的自上而下、命令式的目的地管理方式的重要革新，也是对共同管理方法（Co-management）和适应性管理方法（Adaptive Management）的有机综合。适应性共同管理不但强调利益相关者对决策过程的参与，而且强调适应性学习，认为管理是个不断学习的过程。

旅游目的地适应性共同管理有四个重要原则：沟通和合作、社会学习、权责共享和共同决策、构建适应能力和恢复力[4]。

（1）沟通和合作

利益相关者间的有效沟通和合作是适应性共同管理的核心原则。培养信任、管理冲突、增强对话、权利共享是有效合作的基础。良好的沟通不仅包括旅游目的地组织机构中同一层级人员间的横向沟通，还包括在高低各个结构层级之间进行的纵向沟通。

（2）社会学习

适应性共同管理的一个重要特点就是强调“边做边学（Learning-by-doing）”。社会学习指的是个人和团体为了提高管理效果而进行的集体行动和反思，强调共同学习和共同管理，包括交互式学习和迭代式学习两种方式。交互式学习产生于利益相关者间的交流和合作，迭代式学习产生于对现有管理方式效果的动态监督和调整。

（3）权责共享和共同决策

适应性共同管理中的共同管理强调了权利、责任和决策权的共享。单一的自上而下式管理模式、利益相关者间的冲突、缺乏社区居民的有效参与都会影响共同决策。

（4）构建适应能力和恢复力

培育适应能力和恢复力是旅游目的地适应性共同管理所追求的目标，它不仅包含当地的可持续发展能力，而且包含危机应对能力和发展可持续生计模式。

2.2 网络化管理

网络化管理指的是为了实现共同的发展愿景，各部门和利益相关者间协同合作的一种管理结构[5]。旅游目的地社区恢复力的培育依赖于各社区成员以及利益相关者间的合作、互助和协调。尽管社区利益相关者间的合作网络受制于资源条件、共同目标以及信任等因素，但是良好的合作可以显著增强个体和社区的行为绩效，进而增强旅游目的地社区恢复力。旅游目的地社区经济、组织部门、沟通方式的多样性显著地影响危机的适应能力。社区社会网络在培育恢复力的过程中发挥着重要角色，因为恢复力和适应能力需要不同形式的合作，如知识交流、信息交换、互帮互助和集体行动。为了增强目的地社区恢复力，有效的网络化管理结构，首先需要通过创造和保持社会—经济系统的多样性，为应对危机做好准备；其次需要通过创造和保持系统的灵活性有效的应对危机。

3 旅游社区恢复力的社会影响因素

社区恢复力理论认为社区应对危机和灾害的能力不仅取决于自然和物质资源，同时取决于社会因素。剖析社会因素对社区恢复力的影响机理是塑造具有恢复力的旅游目的地的关键[6]。

3.1 地方依恋

地方依恋指的是人与特定地方之间建立起的情感联系。地方依恋包含地方认同和地方依赖两个维度，地方认同是人对地方的情感性依恋，而地方依赖是一种功能性依恋。当人对地方具有特定的感情时，就会产生强烈的依恋感，继而影响人的生活态度与生活方式。具有强烈地方依恋的人往往深爱着这个地方，积极地参与到社区建设中去。具有强烈社区归属感的社区成员对社区以及社区中的其他成员具有强烈的感情依恋，这种感情增强了社区凝聚力，有利于社区成员进行积极的灾害应对行为，形成社会支持网络，从而减轻灾害的影响。社区成员对其所处社区活动或组织的积极参与正是地方依恋的实际行为呈现。地方依恋有助于社区成员之间情感连接的加强，为社区的集体行动提供动力，从而促进社区参与灾害应对行为。旅游目的地管理者应该充分认识到地方依恋对社区恢复力建构的重要作用，通过提高旅游社区居民的生计条件、保护旅游目的地的自然环境提高社区居民的地方依赖，通过举办社区活动和规划历史、文化和符号景观增强地方认同（图2）。

图2 陕西袁家村正在熬茶的师傅　　图片来源：袁家村提供

3.2 职业认同

职业认同指的是个体对某一特定行业的情感和认同。关于职业认同和社区恢复力的关系，学术界存在不同的认识。一些学者认为职业认同阻碍了社区企业业主对变化的适应能力，降低了企业应对危机的适应能力。旅游社区企业的灾害经验及其生计多样性显著地增强自身恢复力，而职业认同则显著地阻碍企业的恢复力。在面临灾害时，具有较低职业认同的社区成员更可能或愿意改变自身职业，从而增强自身恢复力，减少脆弱性。然而，一些学者认为社区企业业主的职业认同显著地正向影响企业的恢复力。职业认同越强，越能承受职业工作中所面临的困难和变化。当变化和危机极大地影响企业业主的生计和企业发展时，职业认同与地方依恋一样可能对企业的恢复力产生极大的影响。人们依靠其从事的职业而生活，围绕职业形成了特定的社交网络和生活休闲爱好，从而对其从事的职业具有较强的依恋。这种对职业的情感依恋来源于人们自身的态度、信仰和选择以及他人的支持、鼓励、尊重和赞同。这种情感有助于增强人们心理上的稳定性。因此，具有较高职业认同的人们可能会对其所从事的职业和其所依赖的资源具有更高的依赖性，对威胁到其自身认同的变化具有更高的抵制性。职业认同可以激发企业业主主动适应外部变化，从而增强自身恢复力。

3.3 社区参与

加强对旅游地社区居民的关怀，强化社区居民的参与是促进旅游目的地可持续发展的重要举措。社区参与是指把旅游地社区居民的需要和建议作为社区规划、政策设计的重要依据，将社区成员作为旅游目的地健康发展的主体，以促进旅游目的地的可持续发展。社区参与是社区成员参与社区活动、承担社区责任的一种积极行为，其形式包括参与社区的自我管理活动以及协同利益相关者的活动。旅游目的地社区成员积极地参与社区事务是社区可持续发展的驱动力，社区参与

图3 乌镇 姜丽黎/摄

有利于形成共同的社区价值(图3)。居民参与社区决策的积极结果已经被许多研究所证明，包括为应对危机而进行的资源调用行为，打破社区权益的不平等以及建立长期的可持续发展目标。居民的社区参与是社区恢复力的基础因素，社区恢复力需要真实的、基于基层的领导机制。社区参与有利于形成紧密的社区关系网络，培育社区成员之间的情感联系，从而增强社区能力。

3.4 社区增权

社区的脆弱性很大程度上是由于社区成员在面临灾害时缺少选择性，而这种选择性的缺失是权利和资源的不均衡分布所导致的。个人或社区的脆弱性与社会、政治、经济和环境资源的可接近性以及影响可接近性的权利系统相关联。旅游增权是目的地可持续发展的重要前提，如果忽略对旅游目的地社区权力和政治关系的了解，仅将社区参与视为一个技术手段，则无法推动社区参与旅游的有效实践[7]。影响资源接近性和控制力差异的主要因素包括利益相关者间的竞争性行为，多尺度管理系统的力度和效率以及行动者之间的社会网络关系。资源使用的不均衡权利分配主要受社区权利结构、文化规范、意识形态和教条的影响，这种对资源使用的不均衡权利分配影响到社区发展路径的选择。社区增权可以强化社区的集体行动能力，从而进一步增强了社区适应能力。

3.5 社会资本

社会资本指社会系统成员凭借自身的关系网络，可以集聚和利用的有利于实现自身目标的一种社会性资源。社会资本是一种潜在或实际的资源，而资源的实现主要取决于系统成员所嵌入的关系网络。社会资本可分为黏合型社会资本、桥接型社会资本和连接型社会资本三种类型。黏合型社会资本强调家庭成员间的亲情关系，有助于增强较小范围的成员间的互助。桥接型社会资本主要是指邻里、朋友和商业合作者之间的关系，能够连接外部资源并促进信息的流动。连接型社会资本是指与当地政府、管理机构和社会组织之间的关系，有助于社区成员和当地管理机构间的信任和合作。社会资本在社区减灾中发挥着重要的角色。社会资本基于其社区成员间的信任、关系网络和互惠等特点，可以有效地促进社区成员间的合作，社会资本的创造是社区发展和总体营造的成功要素。社会资本直接影响社区灾害适应能力，这些社会资本包括社区成员间的信任、网络、互惠性以及集体行动能力。社会资本在灾害中为受灾者提供了信息、社会支持和心理支持等方面的帮助。相比于人力资本和物质资本，社会资本受灾害的影响较小，因此是灾后社区重建中最可信赖的资本。增强旅游目的地社区社会资本的主要措施有：构建一个共同的社区发展愿景，创造和谐的社区发展环境，促进居民间的社会融合，建立利益相关者间的协调机制，提供社区居民的旅游社区参与以及居民和管理机构间的信任关系。

社区参与是产生社会资本的主要途径。社区成员间的相互联系和交流同样有利于促进社区成员间的

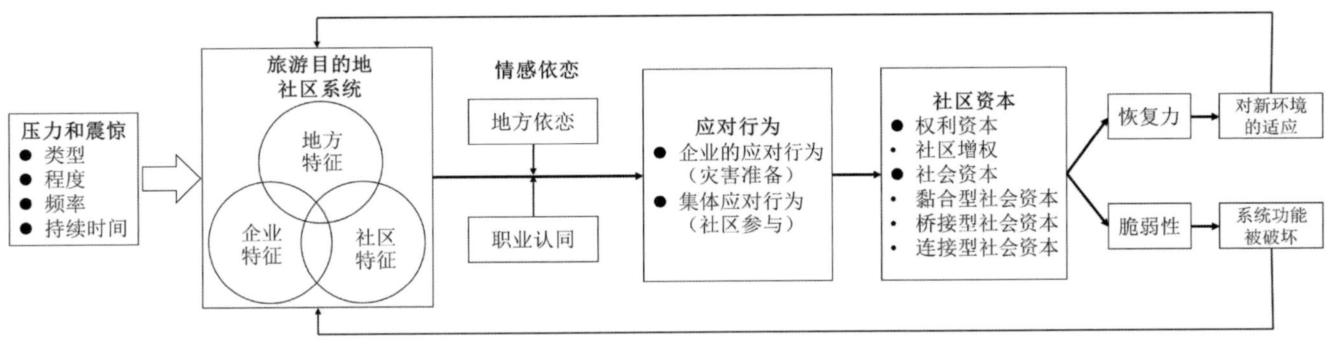

图4 旅游目的地社区恢复力的实现路径

相互信任和理解。经常参与社区事务的居民更易于同其他社区成员产生更加强烈的联系，扩展自身的社会网络。社区成员积极地参与当地的旅游管理活动可以增强当地社区的社会网络、管理效率、社会融合以及社区感。社区参与也可能推动社区成员形成共同的社区使命和愿景。

4 旅游社区恢复力的实现路径

旅游目的地社区系统是一个由旅游目的地地方特征、社区特征和旅游企业特征耦合而成的相互作用系统。突发性自然灾害、经济危机以及其他社会和技术重大变革等压力和震动都会对旅游目的地社区系统造成极大的冲击，而这种冲击和影响程度同样取决于压力和震动的类型、程度、频率和持续时间。当旅游目的地社区系统受到外部压力和震动的冲击时，积极的应对行为，包括旅游企业自身的应对行为以及集体的应对行为，可以减少灾害的影响。旅游目的地社区成员的应对行为受到成员对地方的情感（地方依恋）和对所从事行业的情感（职业认同）的显著影响。旅游目的地社区成员的应对行为可以增强社区的资本存量，包括由社区增权导致的权利资本以及不同形式的社会资本。旅游目的地社区成员的应对行为和对社区资本有效利用决定了社区的危机应对结果。当旅游目的地社区成功地应对压力和震动时，旅游目的地社区系统功能逐渐恢复。当旅游目的地社区无法应对压力和震动时，旅游目的地社区系统的功能遭到破坏。旅游目的地社区的危机应对结果又对旅游目的地社区系统具有反馈效果（图4）。

基金项目

本研究受国家自然科学基金（No. 41501147；41871126）和江苏省研究生科研创新计划项目（KYCX17_1603）资助。

参考文献

[1] 邵琪伟. 中国旅游业应对重大自然灾害机制研究[M]. 北京: 中国旅游出版社，2012: 128-131.

[2] 郭永锐，张捷. 旅游社区恢复力研究：源起、现状与展望[J]. 旅游学刊，2015， 30(5): 85-96.

[3] Armitage D, Berkes F, Doubleday N. Adaptive co-management: Collaboration, learning, and multi-level governance[M]. BC, Canada: UBC Press, 2007.

[4] Islam M W, Ruhanen L, Ritchie B W. Adaptive co-management: A novel approach to tourism destination governance?[J]. Journal of Hospitality and Tourism Management, 2018, 37: 97-106.

[5] Luthe T, Wyss R, Schuckert M. Network governance and regional resilience to climate change: Empirical evidence from mountain tourism communities in the Swiss Gotthard region[J]. Regional Environmental Change, 2012, 12(4): 839-854.

[6] 郭永锐，张捷，张玉玲. 旅游目的地社区恢复力的影响因素及其作用机制[J]. 地理研究，2018，37(1): 133-144.

[7] 左冰，保继刚. 从“社区参与”走向“社区增权”——西方“旅游增权”理论研究述评[J]. 旅游学刊，2008，23(4): 58-63.

我国乡村旅游安全问题思考
A Study of Rural Tourism Security Issues

文 / 刘民坤　许文洁　吴诗帆

【摘 要】

近年来我国乡村旅游发展势头强劲，但由于乡村自身发展条件限制等原因，乡村旅游发展仍存在诸多安全问题。学术界关于旅游安全的研究与研讨已触及多领域多层面，但目前针对乡村旅游安全研究的成果仍相对较少，且研究领域较窄，研究内容不够具有针对性。本文从乡村旅游安全研究视角对国内外近年的相关研究成果进行了回顾总结，然后结合时代背景和乡村旅游发展现状，通过分析归纳，挖掘出我国乡村旅游安全存在的突出问题及其产生原因，进而对乡村旅游安全问题提出有效方法和途径，也为进一步研究乡村旅游安全问题提供参考依据。

【关键词】

乡村旅游；旅游安全；致害原因；管理对策

【作者简介】

刘民坤　广西大学商学院教授，EDP培训中心主任

许文洁　广西大学商学院硕士研究生

吴诗帆　广西大学商学院硕士研究生

1 研究背景

1.1 乡村旅游发展迅速但旅游安全事故频发

近年来，我国新农村建设发展迅速，乡村旅游目的地凭借其优美的自然环境、丰富的旅游资源及特色民俗活动等，吸引了大批城市旅游者，乡村旅游已经成为国内旅游的重要组成部分，呈现出“井喷式”增长态势（图1）。2017年全国乡村旅游达25亿人次，旅游消费规模超过1.4万亿元；而截至2017年，休闲农业和乡村旅游各类经营主体已达33万家，比上年增加了3万多家，营业收入近5500亿元。此外，国家一系列政策措施的出台实施进一步促进了乡村旅游快速持续发展。尽管我国乡村旅游呈“井喷式”发展态势，但由于乡村旅游目的地大多位于城市周边的郊区和经济发展水平相对较低的农村地区，且在乡村旅游发展过程中缺乏科学规划管理，加之当地居民的文化素质水平有限，以及相关部门监管不力等原因，我国乡村旅游在发展过程中的安全问题日益突出。2008年9月13日，32名游客在水西沟王芳农家乐就餐后全体食物中毒；2015年8月7日，上海青浦郊区一家农家乐饭店厨房发生爆炸事故，其中确认3人不幸身亡……类似的食物中毒、突发意外事件、消防事故、交通事故、治安事件、主客冲突、环境破坏等安全问题在乡村旅游过程中不胜枚举，严重影响了乡村旅游的可持续发展。

1.2 旅游安全事故影响巨大且受到广泛关注

频发的旅游安全事故引起了政府和社会的广泛关注与重视。2013年颁布实施的《中华人民共和国旅游法》设立旅游安全专章，将旅游者安全纳入法治范围，主要从县级以上人民政府和旅游经营者两个角度对旅游安全工作做出法律规定，完善旅游者旅游过程中的安全保障；

图1 江西婺源　　王会龙/摄

20世纪90年代，原国家旅游局发布了《旅游安全管理暂行办法》，随着旅游产业的快速发展和国内外安全形势的动态变化，旅游行业需要制定新的管理办法，2016年9月27日，原国家旅游局第41号令公布了《旅游安全管理办法》，相比于《旅游安全管理暂行办法》，《旅游安全管理办法》明确了旅游部门的有效安全监管对象，同时根据新形势确定了旅游部门安全监管职责，以推动我国旅游安全管理迈向制度化、规范化发展的新阶段，有利于更好地守护安全这条旅游发展的“生命线”。

1.3 乡村旅游安全管理机制薄弱且有待完善

乡村旅游安全问题不可小视，若这些问题得不到及时有效的解决和控制，将会对乡村旅游的可持续发展造成严重影响。众多旅游安全相关政策相继出台，致力于解决当前旅游所存在的安全问题；然而，纵观各类旅游安全政策法规，大多是从宏观角度关注旅游安全，缺乏针对乡村旅游安全问题的法律法规，乡村地区的旅游安全管理大多以地方旅游条例以及地方标准作为其管理基准，从立法层面看，旅游安全政策法规仍未明细化、精准化；因此，乡村旅游安全就存在监管漏洞。为促进我国乡村旅游健康发展，检查和反思其中普遍存在的安全问题，具有十分重要的价值与意义。在这样的发展背景下，本文以乡村旅游主体安全问题为研究主题，基于其发展现状，从五个方面分析了乡村旅游安全存在的突出问题及其产生原因，并在此基础上提出了具体的对策措施。

2 乡村旅游安全问题研究概述

2.1 概念界定

2.1.1 乡村旅游

乡村旅游是发生在乡村地区的以乡村性为吸引力的旅游活动[1]。世界经济合作与发展组织（OECD）认为乡村地区的旅游活动称为乡村旅游。吴必虎认为发生在乡村和自然生态环境中的旅游活动被称为乡村旅游[2]。张艳认为乡村旅游是指旅游者选择农村社区作为目的地，以都市居民为目标市场，以领略农村乡野风光和回归自然为旅游目的的一种方式[3]。基于前人的研究，本文引用吴必虎对于乡村旅游的定义：乡村旅游是发生在乡村和自然生态环境中的旅游活动。

2.1.2 旅游安全

对于旅游安全的定义，目前国内的研究主要分为广义和狭义两种。郑向敏率先对旅游安全提出广义的定义，旅游安全是指旅游现象中的一些安全现象的总称，包括旅游活动中各相关主体和客体的安全现象[4]。范向丽提出狭义的旅游安全指旅游活动各环节的安全现象及旅游活动中涉及的人、资源等相关主体的安全现象的总和[5]。本文将旅游安全定义为：旅游安全是以旅游者为中心的安全现象，包括旅游者安全因素管理以及旅游安全的影响因素等内容。

2.1.3 乡村旅游安全

目前，乡村旅游安全的概念界定尚无权威的说法，高萍从旅游者的视角给出了乡村旅游安全的定义，即游客在乡村旅游活动的过程中，客观事物的危险程度能够为旅游者所普遍接受的状态[6]。宋博、郑向敏认为乡村旅游安全问题包括旅游环境类、游客行为类等四个方面，乡村旅游安全特征表现为突发性、广泛性和复杂性[7]。结合以上两个定义，罗景锋提出乡村旅游安全可以界定为乡村旅游现象中一切安全现象的总称[8]。综上，结合本文旅游安全的界定及乡村旅游可持续发展的理念，本文将乡村旅游安全界定为旅游现象中与旅游主体相关的安全现象的总称。

2.2 研究综述

国外对于旅游安全的研究较早，始于20世纪80年代，研究成果较多。在研究内容方面，国外学者对于旅游主体和旅游客体的研究较多，20世纪90年代出版的*Tourism, Crime and Security Issues*是关于旅游安全的第一本重要著作，其主要研究旅游与犯罪等方面的旅游安全问题[9]。在研究方法方面，国外学者注重数理分析和定性分析，大卫（David）以北爱尔兰为例，透视了恐怖主义对旅游影响的深层次问题[10]。在研究对象方面，国外学者偏向于选择某个具体的方面进行深入研究，布朗（Brown H）主要研究集中在性犯罪对旅游的影响[11]。

因为研究起步时间较晚及社会基础的差异，国内的研究与国外的有诸多差异。国内对于旅游安全的研究多为理论研究，缺乏实证研究。其中宋博、郑向敏认为乡村旅游安全具有时间上的突发性以及产生原因的复杂性等特点[12]。近几年，对旅游安全研究的广度和深度都不断扩大，曹婷婷等以丝绸之路为例，研究分析遗产廊道在旅游发展过程中涉及的旅游安全风险因素[13]。此外还有旅游风险评价和控制等方面的研究。

3 我国乡村旅游安全问题分析

3.1 旅游信息获取渠道单一，游客安全意识淡薄

国内的乡村旅游经过几十年的建设和发展，已经在全国各地普及开来，乡村旅游以其短途、短时、低价等特征，成为城市居民享受闲暇时间的重要选择。随着我国城市化进程不断加快，城市居民寻求返璞归真等精神文化层面的需求增加，乡村旅游市场还在不断扩大。旅游者是旅游活动的主体，旅游安全问题主要是围绕着旅游者产生的。旅游者自身的安全意识和对旅游安全问题的关注及重视是至关重要的。首先，通常旅游者较少事先做详细的计划和了解，乡村旅游目的地信息获取渠道也较为有限，无形中增加了乡村旅游过程中的安全隐患；其次，有些不具备户外探险经验的旅游者，无视旅游安全警告，擅自选择未经开发的线路，忽视自身的安全，进一步增加旅游安全事故发生的概率。最后，乡村环境的不确定性因素众多，例如，乡村旅游目的地多处河边、山边、水库边等地区，极易受到山洪、泥石流、山体滑坡等灾害的威胁。

图2 北京爨底下　　徐晓东/摄

3.2 食宿卫生条件参差不齐，标准不统一

近年来乡村旅游经营主体持续增加，乡村旅游目的地的食宿供给呈现多样化的趋势（图2）。由于乡村旅游经营者经济条件的限制和安全意识的缺乏，乡村旅游目的地食宿卫生条件参差不齐，存在标准不统一的现象，主要体现在“食”和“宿”两大方面。乡村旅游餐饮安全中突出的问题是经营场所环境不卫生、服务人员卫生意识不强及食物中毒事故等。由于生活习惯、卫生意识等方面原因，一些乡村旅游的相关从业人员缺乏一系列餐饮经营的必要安全培训及基本的专业知识，致使他们在实际经营过程中不重视食品卫生安全，不了解食品安全隐患的防范工作，从而极易出现餐饮安全问题。此外，大多数乡村农家乐采取粗放的经营模式，经营者既是管理人员，又是服务人员，形成了轻管理、低质量、低收入的恶性循环，是乡村旅游地食品安全问题产生的主要原因。乡村旅游住宿安全问题主要的表现形态是卫生条件差、防盗及消防设备不完备。很多乡村旅游目的地的住宿旅社为农家民房改造而成，卫生条件低劣，且未添加任何防盗设施，无法满足旅游者的正常需要。此外，乡村旅游住宿经营者疏忽安全防范管理，房间内未配备任何消防设施设备，进一步增加了旅游安全事故发生的风险。

3.3 旅游安全设施有待完善

随着乡村旅游市场总量的日益增长，游客激增对乡村旅游的基础设施提出了更高的要求，乡村旅游地的基础设施建设也因此获得更多的发展机遇，已经初具规模。但由于乡村旅游地公共基础设施建设普遍缺乏统一规划，致使公共服务基础设施在存量上与农村的经济社会发展不相适应，在增量上也不能满足乡村旅游地扩张发展的要求，乡村旅游地呈现公共基础设施项目少、档次低等问题（图3）。乡村旅游地的基础设施系统

图3 破烂的桥栏杆  许文洁/摄

图4 乡村旅游目的地民宿 吴诗帆/摄

是其经营的前提和基础条件，然而很多乡村受其经济发展水平和发展时间的制约，各项硬件设施建设不完善。如急救医疗方面，很多乡村旅游地仅与附近的乡镇医院签订合作协议，不具备急救器械、救护车或担架等配套设备。一旦发生旅游安全事故，乡村旅游地无法给予及时有效的救援。

3.4 旅游安全预警机制尚不健全

2009年10月原国家旅游局实施的新《旅游者安全保障办法》规定，各级旅游行政管理部门应建立旅游安全预警信息发布制度，依据对旅游目的地旅游安全状况的评估，向旅游者发布前往目的地旅游的安全预警信息。旅游目的地旅游安全状况分别用红色、橙色、黄色和蓝色标示，对应向公众发布相关旅游预警信息。例如，2015年8月，秦岭小峪山山洪致9名游客遇难，事故的主要原因一方面是农家乐经营者在河道附近随意搭建，另一方面是该乡村旅游地缺乏有效的乡村旅游安全预警机制，对于乡村旅游地的灾害信息等威胁旅游者生命安全的信息，乡村旅游区尚未建立相应的预警机制，难以及时向旅游者传递有效的灾害信息，让旅游者提前做好相关准备以避免旅游安全事故的发生。

3.5 旅游安全立法监管力度不足

20世纪90年代，原国家旅游局相继发布了《旅游安全管理暂行办法》（以下简称《暂行办法》）和《重大旅游安全事故处理程序试行办法》等一系列配套或相关规范性文件，逐步形成了目前我国旅游安全管理的基本管理制度，对规范旅游安全监管发挥了重要作用。但随着当前乡村旅游的迅猛发展，旅游安全呈现出新变化，早期颁布的法律法规制度出现明显的滞后现象。虽然2013年国家颁布实施《旅游法》，2016年原国家旅游局公布了《旅游安全管理办法》，但这些补充立法不能充分解决当前旅游安全监管存在的问题，旅游安全立法依然存在立法层次低、主体地位非独立性、调整层面的缺陷和内容上的缺陷等问题。随着自驾游、民宿、农事体验活动等乡村旅游新业态的产生，以及漂流、低空、探险活动、登山等高风险旅游方式的出现，乡村旅游安全管理法律法规存在立法空白，安全管理法律法规制度长期滞后于现实的发展，法治建设明显滞后，不能满足乡村旅游快速发展的需要。

4 乡村旅游安全发展对策

4.1 加大乡村旅游安全宣传力度

旅游者安全意识淡薄是乡村旅游安全问题，尤其是旅游安全意外事故出现的一部分原因来源。旅游者应该高度关注乡村旅游目的地由天气多变、地理环境复杂、基础设施不全等因素带来的安全隐患。因此，乡村旅游目的地管理者应加大乡村旅游安全宣传力度，进一步提高旅游者的安全意识水平。村委会及有关部门可通过乡村旅游安全宣传搭建有效平台，包括通过印发宣传和指导手册、安全指南、告示，以及在乡村旅游目的地安放各类安全标示等多种渠道强化对旅游者安全信息的传递，以提醒旅游者不要擅自进行如私自游泳戏水、进入禁止入内的地带等具危险性的旅游活动。通过对旅游者的个人行为进行提醒和约束，提高其在出门前和旅行中的安全意识水平。

4.2 推动乡村旅游食宿安全标准化及制度建设

4.2.1 设立乡村旅游食宿业准入门槛

相较于其他旅游形式的安全管理问题，食宿安全是乡村旅游安全中旅游者主要关心的两个方面，也是乡村旅游过程中安全问题频发的两个环节。然而，目前很多乡村旅游目的地都没有一套针对当地乡村旅游的完善的行业标准，其中对食宿卫生、服务程序标准、硬件设施设备等方面没有统一规定，致使乡村旅游食宿行业管理服务工作无标准可依，责任分工不明显。且不是所有乡村居民都适合开展乡村旅游食宿服务经营，乡村旅游的食宿经营及服务者必须具备相关的基础条件支撑以及相应的专业资质等条件。因此，为了有效防治乡村旅游食宿安全乱象，应设立乡村旅游食宿业的准入门槛。首先，就餐饮而言，乡村旅游目的地经营餐饮的农家应配备完备的配套设施，并保证用餐环境的干净卫生；而住宿方面，应完善防盗门、灭火器材等安全设施设备。其次，旅游业是一个服务性行业，从业人员应具备相应的安全知识和技能，以及健康证、营业执照、卫生许可证等相关证件。此外，乡村旅游食宿业经营场所的实际情况也至关重要，管理人员应严格检查营业场所的卫生安全及设施设备配置情况，并仅允许通过检查、符合规定的服务场所进行乡村旅游食宿业经营（图4）。

4.2.2 建立乡村旅游食宿业安全监督管理办法

设立乡村旅游食宿业的准入门槛后，还应提高对日常乡村旅游食宿业经营管理活动的安全监督管理，多措并举，加强防范，建立起有效的安全监督管理办法，真正提升乡村旅游食宿业的整体安全管理水平，构筑乡村旅游食宿安全“防火墙”。要把好乡村旅游食宿安全这一监管重点，就应当建立食宿安全管理制度和责任制，严格监督检查，严肃责任考核，把隐患消除在萌芽状态，确保安全监管精准全面化。首先，乡村旅游管理部门要充实安全经营管理领导小组职能，督促乡村旅游食宿业及相关产业落实安全主体责任，逐步完善安全经营管理工作机制。其次，乡村旅游管理部门可通过定期开展培训等方式，不断加强当地村民从事旅游食宿业的能力，提高其安全意识水平。最后，管理人员应建立起跟踪考察制度，针对经营场所的安全设施设备、从业人员安全管理制度遵守程度等情况进行定期检查及不定期抽查，并给予相应奖惩。乡村旅游食宿业安全监督管理办法的建立，就是要树立“隐患就是事故”理念，把事先预防作为安全管理工作的重点来抓，避免乡村旅游过程中安全事故的发生，助推乡村旅游业健康、稳定、持续发展。

4.3 产业融合促进基础设施建设

乡村旅游区的游客以自驾游游客为主，因此应该适当扩大停车场的面积，改善停车场环境，同时增加摄像头等防盗措施，安排现场指挥和看管人员等。旅游旺季时，景区交通适当增派现场指挥人员，维持现场秩序，避免混乱。旅游者超过乡村旅游区承载量时，应适当控制人流，以保证旅游者的安全。再者，在旅游旺季增加专线公交车的发车频次，给游客一个舒适安全的环境。在原有基础上对乡村旅游区的游览设施进行完善。第一，在景区内容易积水、路面较滑的路段，设置明显的警示标牌，告知旅游者路段情况；第二，若乡村旅游地游览道路较窄，设置多条路线分流，防止游客过多造成拥挤，降低发生事故的概率（图5）。乡村旅游区应该具备及时对安全事故进行救助的能力。发生危险时，及时有效的救助可以在一定程度上弥补遭受的损失，因此景区应该配备必

图5 浙江苍南福德湾 黎筱筱/摄

要的救护人员及救护工具，例如急救箱、担架、消防器材等，以保证无论发生何种安全事故，旅游者均能得到及时有效的救助。

4.4 健全乡村旅游安全保障体系

4.4.1 建立安全预警机制

安全预警体系由信息预警系统、预判系统以及预警发布系统三者组成。首先，信息预警系统，此系统应该与当地的气象部门等相关单位进行合作，实时监测当地的气候信息，并组织有规律的实地勘测，做到实时更新有效的气候信息。其次，预判系统，利用信息预警系统收集的众多气候及勘测的地质问题进行分析，得出实时预警信息的分析结果，以此对未来可能发生的自然灾害进行全方位的预判。最后，预警发布系统会将结果及灾害的预测通过网络、短信、电视、广播、邮件等途径发布给乡村旅游者。网络、广播、电视可广泛传播，电子邮件、短信等可以针对参加当地乡村旅游的游客进行详细告知。

4.4.2 加强信息公开

游客在旅游目的地逗留，参与旅游目的地的各种活动，接触当地的人、物、风情，游后对旅游目的地的安全状况产生综合认知和整体评价，形成了安全感。然而，新时期、新形势下，由于国内外各种复杂因素，旅游安全的不确定性愈发凸显，旅游目的地各种安全事故频发。但是旅游目的地安全事件的报道会影响旅游者的决策并改变其决策过程。因此，乡村旅游景区发生的安全事件应第一时间向社会公众公布，并及时跟进事件的处理进度，处理结束应向社会公众公布处理结果。一方面可以加强游客的旅游安全意识，提高其警觉，有针对性地对某类事件进行预防；另一方面也可以避免社会公众接收到过多的负面信息，媒体为吸引眼球而大做文章，从而影响乡村旅游目的地的形象。

4.4.3 建立行业反馈机制

通过旅游服务接待中心、游客调查问卷等方式对来访游客进行调查，获取旅游者对乡村旅游目的地安全问题的看法。相关部门成立联合行动机构，反馈的问题归属部门负责解决，做到实时解决问题。结合实际情况和旅游者的反馈意见，建立实时更新的反馈机制，不断改进、完善各项服务，做到无安全事故，旅游者满意度不断提升。

4.5 优化政府安全监管模式

针对出台的相关政策，逐一对应落实实施部门，明确各个部门的分管区域。成立旅游安全监管小组，督促政策的落地实施。要着眼当下，立足长远，将安全政策的实施贯彻到每一项乡村旅游活动中，要求规模以上景区必须把安全意识融入日常运营中，鼓励引导景区遵守相关安全政策，提高安全意识。乡村旅游区上级政府应不断完善安全监管模式，强化对乡村旅游区安全设施等的监管。向社会公开投诉指南，公开投诉电话和工作人员基本信息，若存在不安全因素，方便旅游者监督投诉。设置行政效能投诉室，安排专人值班，接听投诉电话，现场受理旅游者投诉。每月定期对投诉旅游者进行电话回访，及时掌握了解不安全因素处理情况。

5 结论

目前，乡村旅游安全监管与实践研究已成为学界和业界重视和关注的问题，但是，乡村旅游安全在旅游研究中并没有得到足够的重视，尚处于研究的起步阶段，尚未形成专门针对乡村旅游安全管理方面的研究论著。乡村旅游越来越受到重视，乡村旅游的蓬勃发展需要与之相配套的安全理论和实践积累，本研究以前人的研究为基础，对乡村旅游、旅游安全、乡村旅游安全的内涵进行界定，分析了乡村旅游安全存在的五个问题：旅游信息获取渠道单一，游客安全意识淡薄，食宿卫生条件参差不齐，标准不统一，旅游安全设施有待完善，旅游安全预警机制尚不健全，旅游安全立法监管力度不足。最后，通过对问题进行分析，提出加大乡村旅游安全宣传力度、推动乡村旅游食宿安全标准化建设、产业融合促进基础设施建设、健全乡村旅游安全保障体系、优化政府安全监管模式等相应的解决对策。

参考文献：

[1] 何景明，李立华. 关于“乡村旅游”概念的探讨[J]. 西南师范大学学报（人文社会科学版），2002，28（5）：125–128.

[2] 吴必虎，黄琢玮，马小萌. 中国城市周边乡村旅游地空间结构[J]. 地理科学，2004，21（6）：757–763.

[3] 张艳，张勇. 乡村文化与乡村旅游开发[J]. 经济地理，2007，27（3）：509–512.

[4] 郑向敏. 旅游安全学[M]. 北京：中国旅游出版社，2003：1–2.

[5] 范向丽. 我国女性旅游安全研究[D]. 泉州：华侨大学，2007：16–17.

[6] 高萍. 基于供求双方的乡村旅游安全认知研究[D]. 杭州：浙江大学，2005.

[7] 宋博，郑向敏. 乡村旅游：安全与控制[J]. 农村经济，2007（10）：54–57.

[8] 罗景峰. 乡村旅游安全影响因素辨识研究[J]. 安徽农业大学学报（社会科学版），2016，25（4）：30–34.

[9] A Pizam and Y Mansfeld. Tourism，Crime and International Security Issues[M]. New York：Wiley，1996.

[10] David Leslie. Northern Ireland，tourism and peace[J]. Tourism Management，1996，17（1）：51–55.

[11] Brown H. Sex crimes and tourism in Nepal[J]. International Journal of Contemporary Hospitality Management，1999，11（2/3）：107–110.

[12] 同[7].

[13] 曹婷婷，梁保尔，潘植强，等. 论丝绸之路廊道旅游安全风险管控[J]. 旅游世界：旅游发展研究，2015（3）：15–20.

日本浅草寺

出境与边境旅游安全

Security Problems of Outbound and Border Tourism

徐晓东 /摄

基于系统理论的边境旅游安全研究

A Research on Border Tourism Security Based on Systematic Theory

文 / 明庆忠　张红梅　刘宏芳

【摘　要】

边境旅游安全是边境旅游活动顺利开展的前提和保障。边境旅游安全是边境安全和旅游安全交织在一起形成的更为复杂的安全问题，从系统论角度探讨边境旅游安全问题、寻求安全治理的方法，对边境旅游安全系统的构建和稳定发展有较大的参考应用价值，也可为促进实现边疆地区跨界友好往来局面的实现贡献力量。在分析边境旅游安全系统基本要素及其关系基础上，文章构建了边境旅游安全系统动力学模型和“人—基—环—管”的边境旅游安全防范体系。

【关键词】

边境旅游安全；系统理论概念模型；边境旅游安全防范体系

【作者简介】

明庆忠　云南财经大学首席教授，旅游文化产业研究院院长、博士生导师

张红梅　云南财经大学旅游文化产业研究院旅游管理硕士研究生

刘宏芳　云南财经大学旅游文化产业研究院讲师、博士

注：本文图片均由作者提供。

边境既是国家疆域的边缘，也是国家地缘战略的前沿阵地，向内保卫着内地安全，向外连通着世界。边境安全是双边以及多边社会、经济、文化交流的保障和前提。边境旅游作为一种地区性旅游活动，是一种柔性外交手段，可凭借地缘优势利用特色旅游资源，整合人力资源，提供就业岗位，能最大限度地发挥旅游融合带动作用。边境旅游安全兼具边境安全和旅游安全的双重属性，且边境旅游与边境安全存在交互发展关系。目前我国边境旅游安全呈现出传统问题和非传统问题交织影响的局面，传统安全问题常见于恐怖主义、政治、战争、毒品走私、“三非”等，以及逐步显现出来的环境、气候、经济[1]、社会危机、宗教渗透[2]、少数民族文化危机[3]等非传统安全问题。而安全需求是游客出行最基本的需求之一，边境安全环境是边境旅游发展的前提条件。如中老关系友好，则在建设中老跨境经济合作区、重点开发开放试验区、边境旅游试验区以及跨境旅游合作区等方面有其优势；中朝边境因局势不明朗，开展旅游活动步履维艰。边境旅游良性发展可以促进相邻两国双边基础设施共建共享、商品互流互通以及人员友好往来进而实现双边经济发展、文化交流，为边境地区社会稳定奠定物质基础。同时，发展边境旅游有助于发展和弘扬本土文化，在思想观念上强化民族认同、身份认同和国家认同，增进当地居民友谊，实现双边睦邻友好，维护边境地区安全稳定，从而实现边境地区和谐发展。

在“一带一路”发展背景下研究边境旅游安全问题有助于更好地维护边境安全、促进旅游发展、实现多赢共享的发展局面。本文基于系统理论研究边境旅游安全问题，将边境旅游安全看作一个系统，分析系统的要素构成以及不同要素之间的相互作用，以期对边境旅游安全治理问题具有一定的借鉴意义。

1 边境旅游安全研究概述

边境旅游活动受到各国政治、经济往来的影响，具有政策的敏感性和不确定性。边境旅游安全不仅仅是旅游安全问题，更受到边境安全的影响。学术界对边境安全研究成果日益趋多，但是对边境安全、旅游安全两者的综合问题——边境旅游安全的探讨仍寥寥可数。

国外对边境旅游安全的研究主要集中在边境风险因素对旅游发展的影响上：如史密斯（Smith V.L.）分析了战争对旅游产生的负面影响[4]，约安尼季斯（Ioannides D.）等考察了战争后塞浦路斯不同分区的岛上旅游业的不同命运，并探讨了危机管理与复苏的前景[5]，弗莱舍（Fleischer A.）等利用土耳其国际旅游统计资源，以美国的奥贾兰事件和世界贸易中心的袭击事件为基础分析了恐怖主义行为对入境旅游的影响[6]，霍尔（Hall C.M.）论述政治暴力、恐怖主义对边境旅游安全的影响[7]，哈桑(Hasan H.)研究危机、革命、恐怖主义活动对国家边境旅游安全的影响[8]等。

对比国外研究，国内对边境旅游安全的研究较为宏观。大部分学者探究边境旅游安全问题的界定与产生机理：杨芳从宏观上分析了边境旅游安全类型、事故和治理措施[9]，陈君武归纳了边疆旅游中的安全问题、产生机制以及管控措施[10]。部分学者研究了边境旅游安全治理与管理问题，如李柏文从社会学视角探究区域性旅游安全问题缘起和管理[11]，明庆忠等分析了云南边境旅游安全问题的表现并且提出了多元化的网络治理模式[12]。

2 边境旅游安全内涵

旅游业极强的综合性决定了与之相关安全问题的综合性与复杂性，边境旅游安全是边境安全和旅游安全交织在一起形成的更为复杂的安全问题，因此边境旅游安全内涵从以下方面理解。

2.1 边境旅游安全的表现形式

从表现形式上来看，边境旅游安全指的是涉边旅游安全。边境旅游安全具有复合性，涉及经济、政治、文化、社会、生态等诸多领域，每一类型的边境旅游安全问题都具有多种属性，并且每一种属性之间又具有相互关联和转换的特性。边境旅游安全内容包含以下3点。

（1）旅游主体安全，包括边境旅游者和边境旅游经营者在内的旅游主体安全。旅游主体安全指的是旅游主体的人身、财产及心理等方面的安全。意外遇险事故、恐怖袭击、非法偷渡以及人口贩卖等活动威胁着旅游主体安全，危机事件不仅影响着旅游主体物质安全，更是带来心理上的紧张感和恐慌感。“3·14拉萨打砸抢事件”发生后，很多游客出于安全考虑取消或推迟到西藏的旅游行程，当地旅游经营者的业务量大大缩减。在这次危机影响周期内，西藏入境游客

图1 永和(中)—佤邦(缅)口岸

损失量为47.14万人次，旅游经济损失量为2.15亿美元[13]。

(2)旅游对象安全，包括边境旅游景区、边境旅游要素、边境旅游环境的旅游安全。其中边境旅游景区安全涉及景区硬件设施、软件设施以及与边境安全相关组织管理、经营风险和事故风险等。旅游环境既包括诸如气候、水文、地质、地形、风向等自然环境安全，也包含社会治安、民俗风情等社会环境安全。我国有48个少数民族聚居在西部，西部地区多山地、丘陵和沙漠，自然环境恶劣。同时西部远离国家政治中心，国家主流文化影响较弱。不同民族之间语言、风俗习惯和宗教信仰不同，容易出现文化冲突，这些安全问题影响着边境旅游环境发展。

(3)边境旅游活动过程安全。旅游活动过程安全表现为旅游产品购买、生产—消费、销售—反馈过程的整体体系安全，贯穿整个旅游活动始终。旅游产品(含服务)的质量、性价比、技术安全及售后服务等都会影响边境旅游安全，边境旅游主体之间因语言、信息等因素偏差出现强买强卖、以次充好、价格虚高等现象，进而引发旅游纷争，制约着边境旅游活动安全。

边境旅游安全问题不仅表现形式复杂多样，而且是一个动态发展的过程，在某个时间段内边境旅游安全的某种特定问题会随着时间推移演变成为新的安全问题(图1)。

2.2 边境旅游安全的空间

在空间层面上看，边境旅游安全特指发生在边境地区的旅游安全问题。边境是涉及国家边界、主权、政治稳定、权责划分等关系的特殊区域，边境旅游及其他类型的跨境合作一直被认为是政治、经济敏感性问题[14]。边境地区是旅游活动独一无二的场所[15]，边境旅游安全既影响边境地区的发展，又会扩散到内地，甚至波及周边国家。究其原因有两方面,一方面，边境具有支撑和守护内地发展与安全的重要作用，边境旅游安全问题同其他边境安全问题一样，以各种形式向内地传播扩散，对内地甚至全国产生重要影响[16]；另一方面，边境与他国相邻，是我国与周边国家的接壤区域，边境旅游安全问题会随着人员流动、信息流动等方式溢出国界影响他国。

随着互联网发展，边境旅游安全不仅表现在地域空间上，还表现在网络空间范围。在虚拟的网络空间，边境旅游安全表现为边境旅游信息安全、旅游系统正常运行以及边境旅游信息服务畅通等方面。

2.3 边境旅游安全的性质

从安全性质来看，边境旅游发展中的边境安全主要指非传统安全。以边患、军事挑衅和战争为主的传统安全问题已经不再是边境旅游发展的主要障碍，非传统安全逐步发展成为我国边境地区面临的主要

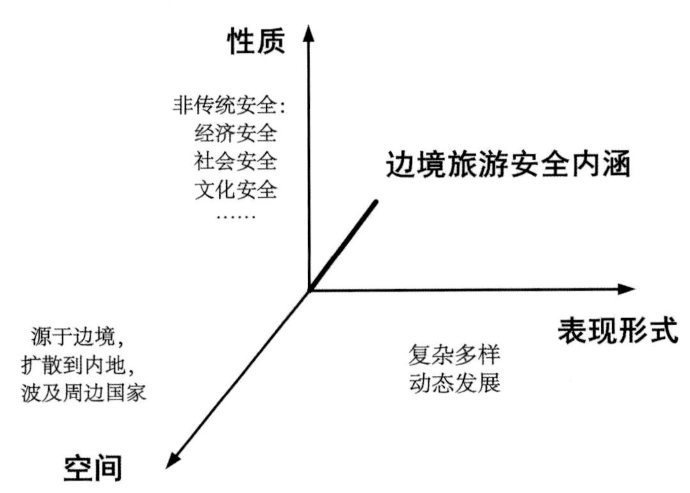

图2 边境旅游安全内涵概念模型

安全问题形式[17]。影响边境旅游的非传统安全涉及社会、文化、生态等方面，边境少数民族文化安全问题亟待重视。在边境旅游发展过程中，少数民族特色文化的生态环境会被破坏或者改变[18]，少数民族文化被肢解、“碎片化”或“符码化”，以边境少数民族文化危机为代表的非传统安全问题成为我国边境旅游安全问题的新形式。

综上所述，从表现形式、空间和性质三方面可以构建边境旅游安全内涵概念模型（图2），借助系统学思维将边境旅游安全定义为在边境地区范围内、在边境旅游系统实际运行和自组织发展过程中，在各种因素相互作用和干扰的情况下，保持或者维持边境旅游系统稳定和发展的一种状态。

3 边境旅游安全系统结构

边境旅游安全得益于边境旅游系统稳定发展。按照系统论观点，边境旅游安全系统是一个复杂开放的系统，也是一个很多要素相互作用的自组织系统。明确边境旅游安全系统要素组成以及要素之间的相互关系，有助于寻求系统结构优化的方法或者途径，从而实现边境旅游安全系统高效运转、合作有序的发展局面。

3.1 边境旅游安全系统基本要素

基于边境旅游安全系统内涵和安全管理原则，本文认为维持边境旅游安全系统稳定的基本要素是“人—基—环—管”[19]，具体分析如下。

3.1.1 人员——边境旅游安全主体

边境旅游安全主体是指在边境旅游安全系统中直接或者间接从事旅游活动或工作的人员集合，具有系统性、广泛性、能动性的特点。他们是整个边境旅游安全系统的主动因素，对维持边境旅游安全系统稳定起着决定性作用。边境旅游安全主体包括行政主管部门（泛指任何与旅游安全相关的政府部门）、边境居民、游客、旅游从业人员、旅游企业以及相关民间组织等。这些主体聚集在边境区域范围内，面对边境旅游过程中不确定的、持续变动的环境，他们之间发生着非线性相互作用，使得边境旅游安全结果的表现形式也复杂多样。

3.1.2 基础设施——边境旅游安全资源保障

系统理论中的“机”指机器设备，引申为旅游业的“基”——基础设施。基础设施是指能够为国土防御、经济安全以及边境旅游发展持续提供产品或者服务的行业、公共机构和传播媒介[20]。基础设施涉及公共事业、电信、物流等诸多部门，主要包括旅游设施和安全设施两大类。基础设施的基础性、安全性、防护性和保障性决定了它在边境旅游安全系统的重要作用，尤其是与边境安全相关的基础设施可视为其他基础设施安全效能的“骨架”，保障边境旅游安全秩序良好运转。

3.1.3 安全环境——边境旅游安全空间载体

安全环境是边境旅游安全的空间载体和环境基础，包括自然环境和社会环境。自然环境主要是指边境地区的自然条件和自然灾害，是边境旅游活动开展的物质基础。保护自然环境也是边境旅游安全的重要内容。在自然环境的基础上，边境旅游安全主体通过长期有意识的社会劳动形成一种独特的生活氛围，叫作社会环境。社会环境涉及国家政治、地区经济、民族文化、道德法制等，各种因素相互制约、相互影响，一定程度上影响着边境旅游安全系统的稳定。以云南河口的边境旅游为例，中越边民互通有无，两国游客互动往来，虽有便利的出入境管理措施，但是非法出入境行为依旧屡禁不止[21]，严重威胁着边境地区旅游安全系统的稳定。

3.1.4 管理——边境旅游安全制度保障

边境旅游安全管理是旅游活动安全运转的制度保障，是其他子系统安全运转的“指示器”。旅游业是一个综合性较强的产业，相应安全管理需要不同部门之间相互协调、共同治理。旅游安全管理系统包括安全管理政策、安全管理机制和安全管理文化三方面内容。安全管理政策指的是边境旅游安全法律法规、边境旅游安全实施标准和边境旅游安全规划等。安全管理机制包括边境旅游安全责任、奖惩与监督办法。安全管理文化包括促进边境旅游安全系统稳定的安全教育与培训的相关工作，宣传边境安全文化，实现党的路线、方针和政策全覆盖，提高边境居民履行国防安全和旅游安全义务的自觉性。

3.2 边境旅游安全系统的要素关系

在边境旅游安全系统要素分类剖析的基础上，根据系统科学动态演化原理，本文为不同要素之间的关系构建系统动力学模型（图3），分析不同要素之间的作用方式，展现边境旅游安全系统的稳定发展过程。

在边境旅游安全系统组成的四要素中，边境旅游安全主体是系统中最重要的能动要素，其余三要素是支撑要素，为能动要素服务。同时，能动要素的发展（如旅游生产活动）又会促进支撑要素的转型升级。另外，支撑要素中的基础设施要素是“硬条件”，为环境要素提供硬件设施支持，保障边境地区的旅游设施和基础设施安全；支撑要素中的管理要素是“软条件”，从政策机制、安保文化等方面维持边境安全环境的稳定。

以云南西双版纳旅游发展为例，作为边境旅游发展大州，西双版纳旅游安全主体、基础设施、环境和管理四个要素之间相互作用、协调互动，形成边境旅游安全的自我平衡发展机制。随着西双版纳旅游人次逐年增加，旅游企业、旅游从业者以及当地居民等主体的心理和行为均会发生一定的变化[22]。主体的变化势必会带来当地社会文化的细微变化[23]，也会对安全基础设施提出新的要求，相应的管理制度也要变化升级以适应这种情况。同时在特定时期内，西双版纳原有的基础设施、环境和管理条件制约着当下时空内游客、居民等主体的安全需求，主体会通过降低安全期望值，或者做更多的防护措施[24]等行为来适应这种安全环境。

总而言之，边境旅游安全系统整体呈现出层次性和整体功能性等特点，系统各要素不是孤立发展的，而是彼此之间形成了相互制约和依存的复杂关系。同时，为了应对不确定的、变化莫测的安全环境，各要素在自身系统内部也存在着复杂联系，大大小小系统协调运行促进边境地区形成安全稳定的发展局面。

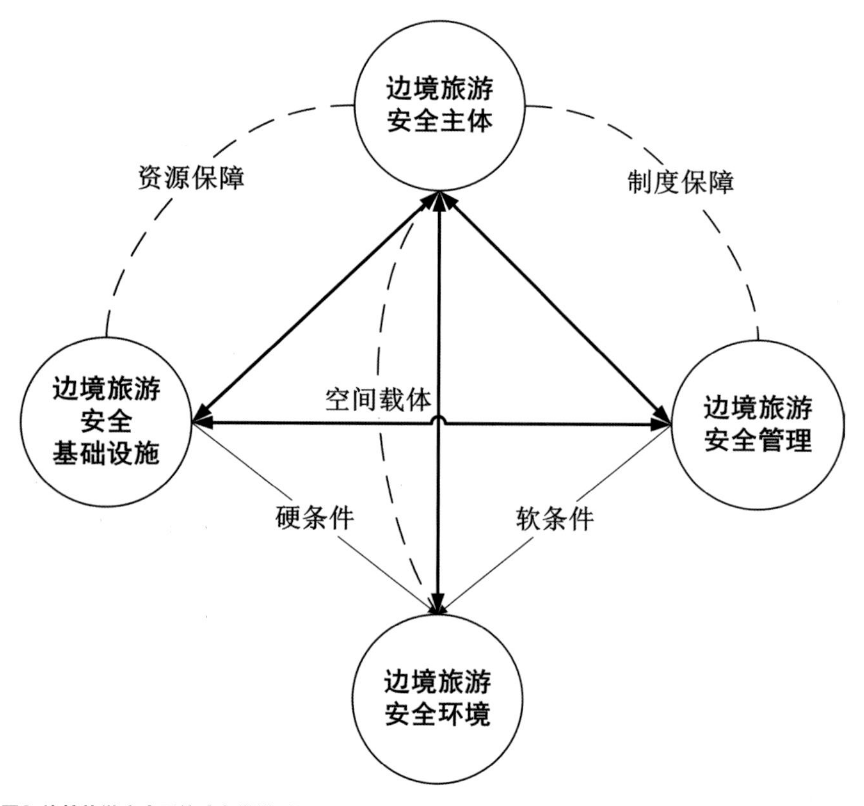

图3 边境旅游安全系统动力学模型图

4 全方位构建边境旅游安全系统

在分析边境旅游安全内涵和边境旅游安全系统动力机制的基础上，运用系统理论基本思想，从“人员”——边境旅游安全主体、“基础设施”——边境旅游安全资源保障、“环境”——边境旅游空间载体和“管理”——边境旅游制度保障四方面构建边境旅游安全防范体系。

4.1 人员方面

人员作为边境旅游安全系统的能动因素，其自身的主观行为会影响整个系统的稳定。针对不同群体，采用不同的提升改进策略。针对边境旅游从业者和企业，要加强安全教育培训，明确边境旅游中的“可为”与“不可为”以及涉及国家安全、政治安全等方面的内容，培养他们的安全意识与责权意识。对于游客，要进行充分提醒，对潜在的安全风险明确告知。

同时要建立和健全旅游经济利益分配制度，尽量保证边境旅游主体利益分配的公平公正，避免边境地区的旅游经济利益冲突，一定程度上有助于维护边境地区旅游安全。

4.2 基础设施方面

旅游往往带来人群聚集现象，边境旅游目的地正常人群服从泊松分布和高斯分布。在人群聚集状态下，个人会表现出盲从、随从、遵从或顺从等从众行为[25]。为保证边境旅游安全，需要防止某类人员聚集状态下的无序现象。在边境旅游活动中，要构建旅游安全预警系统，一定程度上增强各行为主体理性决策能力，减少旅游安全事故发生。另外要积极构建边境旅游救援系统，提高边境地区应对紧急突发情况的能力，降低安全事故的发生率和减轻安全风险的伤害程度。

同时，边境地区要不断完善口岸、机场、铁路、公交车站等安全设施建设，加强安全疏散设施规划。在基础安全设施建设方面，不仅要依靠政府投入，更要寻求多元化投资主体，多渠道筹措建设资金，对安全基础设施的建设和运营实行综合化管理和产业化经营，一定程度上减少公地悲剧现象，保障安全设施运行的良性循环（图4）。

4.3 环境方面

环境作为边境旅游安全的空间载体。保障边境旅游安全、构建边境旅游安全系统要在保护自然环境的基础上对社会环境进行改良革新。

要加强旅游行业安全监管以及环境监管，定期对潜在安全风险进行排查，如对极端天气等提前观测并发布预警，对文化展演方面可能存在的安全风险进行预警处理。采用先进技术，严密防控不法分子、黑恶势力、境外恐怖组织、宗教组织等的渗透，营造安全稳定的边境旅游环境（图5）。

在旅游开发过程中也要加强对边境旅游文化的保护，树立民族文化危机意识，努力保护边境民族文化的社会生态环境，并且注重边境旅游发展过程中的少数民族文化创新人才和民族文化传承人才的培养，处理好利益分配问题，加强少数民族文化认同感，使得旅游开发与民族文化保护实现良性循环发展。

4.4 管理方面

边境旅游安全管理既要关注政策制度的制定，也要重视安全文化氛

图4 中缅边境的云南打洛口岸

图5 中越边境的云南河口口岸

围的营造。国际层面，以边境旅游建设为契机，密切国际合作，营造旅游安全氛围，并且构建跨国旅游安全问题的防控与救援机制，保证边境旅游活动安全开展，实现边境区域与邻国的共荣共进，确保边疆稳定。同时，探索跨境旅游合作区、边境旅游试验区等"第三空间"的旅游管理运营机制，通过技能培训、提供生存发展空间来为当地居民提供在地化的就业选择和产业发展选择，使其在推动旅游发展的同时成为缓解边疆贫困、提升居民（包括难民）生活水平的有力抓手，从而确保边境地区的长治久安，形成边境旅游发展的良性循环，无形之中奠定边境安全基础。

国内层面，要加强旅游目的地的管理，通过优惠政策措施为边境地区旅游企业的正常运营提供安全保障。同时，要积极推进旅游保险制度完善，从政策调控角度来推动保险境内境外互认，确保旅游安全险在境内境外的有效性，保障各主体在旅游活动中的安全，为边境旅游安全保驾护航。

5 结语

边境旅游对边境安全的影响犹如双刃剑，不乏正面积极影响，也伴随其某些可控、不可控因素带来的种种隐忧。安全需求是最基本的旅游需求之一。边境旅游安全成因及表现形式都极为复杂且不易察觉，从系统论角度探讨边境旅游安全问题，是采用动态的研究视角寻求边境旅游安全治理的方法，以期为边境旅游安全系统的稳定提供参考价值，为促进边疆地区跨界友好往来局面的实现贡献力量。

基金资助

国家自然基金项目“西南陆疆边境跨境旅游发展空间格局、机制及模式研究”（41671147）

参考文献

[1] 欧阳驹，章卓尔. 我国出境旅游热的安全管理冷思考[J]. 全国商情(理论研究)，2010(06)：105-106.

[2] 马毓彤，杨云. 云南边疆民族地区的非传统安全问题及治理对策[J]. 云南农业大学学报(社会科学)，2017，11(04)：49-54.

[3] 张春霞. 边疆文化旅游开发与文化安全[J]. 广西民族研究，2010(02)：185-191.

[4] Smith V. L. War and tourism：An American ethnography[J]. Annals of Tourism Research，1998，25(1)：202-227.

[5] Ioannides D.，Apostolopoulos Y.，Pizam A.，et al. Political instability，war，and tourism in Cyprus：effects，management，and prospects for recovery[J]. Journal of Travel Research，1999，38(1)：51-56.

[6] Fleischer A.，Buccola S. War，terror，and the tourism market in Israel[J]. Applied Economics，2002，34(11)：1335-1343.

[7] Hall C. M. Tourism and political stability：the implications of revolution，terrorism and political violence for tourism[J]. Tourism&Politics Policy Power&Place，1994.

[8] Hasan H. Impact of Terrorism and instability on the tourism industry in Egypt and Tunisia after Revolution[C]//International Conference on Restructuring of the Global Economy，2018.

[9] 杨芳，方旭红. 我国边境旅游安全问题探析[J]. 乐山师范学院学报，2010，25(09)：87-91.

[10] 陈君武，王亚龙. 我国边疆旅游安全问题及管控措施研究[J]. 净月学刊，2015(5)：66-71.

[11] 李柏文. 社会学视角下的区域性旅游安全问题[J]. 华东经济管理，2007(12)：28-32.

[12] 王丹彤，明庆忠，王峰. 云南边境旅游安全治理模式与对策研究[J]. 旅游论坛，2012，05(1)：64-69.

[13] 田祥利，白凯. 旅游目的地突发事件对西藏入境旅游市场规模影响与政策响应[J]. 旅游学刊，2013，28(03)：38-46.

[14] 王灵恩，王芳，葛全胜，等. 从欧盟经验看跨境合作背景下中国边境旅游发展[J]. 开发研究，2013(04)：51-55.

[15] Timothy D. J. Borderlands：An Unlikely Tourist Destination? [J]. IBRU Boundary and Security Bulletin，2000：57-65.

[16] 夏文贵. 边境安全问题及其治理[J]. 西北民族大学学报(哲学社会科学版)，2017(6)：64-70.

[17] 余潇枫，李佳. 非传统安全与中国和平发展[J]. 观察与思考，2007(20)：30-33.

[18] 同[11].

[19] 同[14].

[20] 刘晓，张隆飙. 关键基础设施及其安全管理[J]. 管理科学学报，2009，12(06)：107-115.

[21] 叶力. 关于云南边境地区意识形态安全问题的思考[J]. 云南行政学院学报，2013，15(06)：88-90.

[22] 杨晓玲. 西双版纳旅游区域营销现状调查分析[J]. 中国集体经济，2016(10)：52-53.

[23] 杨俭波，乔纪纲，动因与机制——对旅游地社会文化环境变迁理论的研究[J]. 热带地理，2003(01)：75-79.

[24] 邹永广. 目的地旅游安全评价研究[D]. 华侨大学，2015.

[25] 王振. 城市公共场所人群聚集风险理论及应用研究[D]. 南开大学，2007.

中国出境旅游安全问题研究

A Research on Safety Issues of China Outbound Tourism

文 / 厉新建　刘国荣

【摘　要】

作为旅游活动的根本准则，旅游安全一直是游客在旅游中关注的热点问题，特别是在出境游的过程中，更应该加强对旅游安全问题的重视。本文通过对近几年中国游客在出境游中发生的旅游安全事件进行梳理，剖析了出境旅游安全问题的现状，总结了旅游安全事件频发的原因，并从国家层面和社会层面提出提升旅游安全建设的对策。

【关键词】

出境旅游；旅游安全；旅游安全事件；安全管理

【作者简介】

厉新建　北京第二外国语学院旅游管理学院院长、教授

刘国荣　北京第二外国语学院旅游管理专业硕士研究生

据文旅部数据显示，2017年中国出境游市场达1.27亿人次，蝉联世界第一大出境客源国，为推动全球旅游发展作出了突出贡献。随着出境旅游规模的扩张，相应的旅游安全问题也日益凸显，越来越受到学界和旅游者们的关注。随着“一带一路”倡议的深化，我国前往“一带一路”沿线国家的出境旅游的人次也会有显著增长，相应的旅游风险也会发生显著变化。因为存在语言沟通障碍、文化背景差异和知识储备不足等内在原因与旅游目的地国家突发自然灾害、社会稳定性差等外在原因，出境旅游较之国内旅游存在更多旅游安全风险，给旅游安全保障增加了难度。因此，如何保障游客境外旅游安全已成为国家与社会发展中不容忽视的课题。

1 出境旅游安全管理现状

1.1 近几年境外旅游安全事件频发

近几年出境旅游的旅游安全事件有所增加，给中国游客的生命财产安全带来了不小的威胁和挑战。数据显示，2017年我国公民境外意外死亡695人，其中因为各类旅游安全事故导致意外死亡的是182人，旅游活动已经成为中国公民海外出行意外死亡最主要的原因[1]。如果加上境外旅行中因为交通事故造成的死亡人数以及社会治安法方面的案件的话，境外旅行的安全形势更不容乐观。从2016~2018年中国出境游的旅游安全事件汇总（表1）可以看出，旅游安全事件发生频次相对较高，主要包括欺诈、抢劫、偷盗、犯罪、意外事故、自然灾害等。除此之外，强奸、勒索、恐怖主义等事件也时有发生，这严重威胁到我国游客在海外涉旅过程中的人身安全和财产安全。

表1 2016~2018年中国出境游的主要旅游安全事件汇总

时间	地点	名称	事件说明
2016-08-02	法国	抢劫事件	6名法国劫匪用催泪瓦斯攻击中国游客，几个行李箱与私人物品遭抢，3人轻伤
2017-01-28	马来西亚	船只失联	载有28名中国游客的快艇在有前往沙巴环滩岛途中失联，导致12人轻伤，8人重伤，4人遇难
2017-02-13	中国台湾	翻车	台湾“高速5号”公路发生游览车翻覆事故，34人死，10人轻重伤
2017-03-08	泰国	游客被抢	1名中国游客在芭提雅二路被抢走金项链
2017-03-14	土耳其	热气球事故	3支热气球降落过程中因强风撞向地面，共有15名中国游客在这起事故中受伤，包括9人骨折挫伤，其中2人受伤较重
2017-06-12	泰国	游客溺水	4名中国游客不顾工作人员及红旗警示牌提醒，冒着高强度海浪下水游玩，导致3人轻伤，1人重伤
2017-07-16	泰国	游客溺亡	2名中国游客不顾风浪及红色警示旗下海游泳，均溺水身亡
2017 12-18	荷兰	遭遇“黑车”	受机场服务人员误导，游客误以为上了正规的出租车，原本只需60欧元左右的车费，被索要300欧元
2018-01-05	印尼	游客遇害	1名中国游客在巴厘岛遇害，身上有刀刺伤痕
2018-02-09	纳米比亚	车祸	2名中国游客因不熟悉右舵驾驶方式在纳米比亚红沙漠景区发生严重车祸，导致2人身亡，4人受伤
2018-02-17	菲律宾	意外身亡	1名中国游客在潜水期间，被船的螺旋桨击中当场死亡
2018-02-23	泰国	游客溺亡	5名中国游客不顾导游提醒和海边警示标志，到他们所住海滨酒店门口的海里玩水时不慎溺水，造成2死2伤1失踪
2018-03-20	泰国	交通事故	载有8名中国游客的面包车，从普吉前往攀牙途中撞到一辆货车，导致1人遇难，7人受伤
2018-03-22	葡萄牙	翻车	载有36名中国游客的大巴发生翻车事故，造成26人轻伤
2018-03-25	泰国	交通事故	载有16名中国游客的旅游巴士在普吉府遭遇车祸，导致4人重伤
2018-06-04	加拿大	交通事故	载有中国游客的大巴发生交通事故，导致1人死亡，24人受伤，其中4人重伤
2018-06-19	泰国	游客溺亡	1名游客不听工作人员劝阻，在海滩游玩时步行溺亡
2018-07-05	泰国	游船倾覆	遇特大风暴，导致47人遇难
2018-08-13	泰国	海滩溺水	2名中国游客下水游玩时溺水，造成1人遇难

资料来源：笔者根据网络发布信息整理所得

1.2 关于中国公民出境旅游安全问题的专项性文件较少

截至目前，专门针对中国公民出境旅游安全问题出台的文件相对缺乏（表2），一定程度上反映了我国在游客境外旅游安全保障的推进工作方面仍缺乏力度。从内容上看，为保障游客出境旅游安全，我国政府从安全提示、安全管理与安全应急等方面都有较好的政策指导，但是根据近几年旅游安全事件频发可以看出，这些政策并未得到很好的贯彻

表2 我国关于出境旅游安全问题的相关政策文件发布情况

发文日期	文件名称/通知	发布机构	主要内容
2002-5-27	《中国公民出国旅游管理办法》	中华人民共和国国务院	规范旅行社组织中国公民出国旅游活动、保障出国旅游者和出国旅游经营者的合法权益
2016-02-19	《国家旅游局关于规范出境游保证金有关事宜的通知》	原国家旅游局监督管理司	高度重视，部署开展出境游保证金的清理、加强指导，规范出境游保证金的收取、扩大宣传，强化风险防范意识、加强督查，妥善处置群体性事件
2016-09-27	《旅游安全管理办法》	原国家旅游局政策法规司	旅行社组织出境旅游，应当制作安全信息卡、境外旅游突发事件处理、风险提示
2017-05-26	《国家旅游局办公室关于进一步加强出境游市场监管的通知》	原国家旅游局政策法规司	加强出境游旅行社事中事后监管、严厉查处出境游违法违规行为、做好出境游安全防范工作
2017-07-27	《国家旅游局办公室关于加强出境旅游管理规范出境旅游经营的紧急通知》	原国家旅游局政策法规司	严格落实市场监管责任、督促企业落实主体责任、做好旅游安全风险提示、安全管理
2018-09-19	《文化和旅游部办公厅关于加强中秋、国庆期间旅游市场监管工作的通知》	文化和旅游部办公厅	加大出境游市场监管力度

注：主要内容部分以摘录文件中关于出境旅游安全问题的规定为主

与落实。例如，即使文旅部和中国领事服务网分别在首页设置了“出行提示”与“安全提醒”的专栏，用于提醒游客出境旅游安全，但是这种传统的信息传播方式难以实现信息传播的高效与高速。从数量上看，除了在《中国公民出国旅游管理暂行办法》《中国公民出国旅游管理办法》《中华人民共和国旅游法》以及《旅游安全管理办法》等法规文件中零散涉及出境旅游安全的问题[2]，相对于每年上亿人次的出境旅游市场而言，专门针对出境旅游安全问题的相关政策明显偏少。此外，我国旅游安全政策调整缺乏及时性，往往是旅游安全事件的频发推进着旅游安全政策的演化升级[3]，而不是预见性的旅游安全政策显著降低安全事件的发生频次。旅游安全政策是保障中国公民旅游安全的重要基础，是指引旅游行业健康发展的重要力量，但是我国旅游安全政策的调整却及时性不够，旅游安全政策的制定相对落后于市场旅游安全事件的发生。面对更为复杂的国际环境，境外旅游安全的政策出台更是有着滞后性特征。

2 出境游存在旅游安全问题的原因

2.1 旅游安全风险源具有多样性

从旅游行业性质而言，旅游业的高度关联性和高度综合性决定了境外旅游安全风险来源的多元性，可控程度往往较低。谢朝武等学者按照风险来源将旅游安全风险因素分为自然环境风险、政治风险、社会治安风险、健康风险、文化风险、法律风险以及事故灾难风险七类[4]。从旅游安全风险类型来看，自然环境、政治、社会治安和事故灾害等风险均属于不可抗因素，特别是在游客境外安全知识储备不足和海外旅游环境复杂的情况下旅游安全更是呈现出难预期、难把控的特点，增加了旅游安全风险水平，给游客境外旅游安全带来不少隐患。从旅游活动特征而言，旅游活动具有异地性、生产和消费的同时性，游客需要抵达旅游目的地并且与当地发生交互行为才能满足从事旅游活动的条件。游客异地活动的紧张感和旅游活动的不可预期性决定了旅游安全事件的突发性，尽管境外旅游的团队比例已有明显下降，但有组织的境外旅游仍占很高比重，加之目的地成团等方式，使得境外旅游安全事件往往是群体性的事件，造成的生命财产损失往往会很大。

2.2 境外旅游安全事件应对机制不完善

境外旅游安全事件应对机制不完善主要是针对境外旅游安全管理

而言的，主要表现在以下三个方面。第一，旅游基础与配套设施安全性能差。很多游乐设施设备老化，未能及时进行维修和更换。据报道，驻清迈总领馆曾接报两起因设备问题在丛林飞跃项目中致使中国游客伤亡的案件。第二，境外旅游安全提示制度不完善。据近几年发生的溺亡事故可以看出，绝大部分发生地周围均设有等级风险提示标识牌，但是仍多次发生溺亡事件。传统安全风险提示标识牌的设立难以取得显著效果，导致游客对安全风险的感知程度低，安全提示信息易被游客忽视。第三，境外旅游安全市场秩序混乱。出境目的地国家中相关单位违规违法运营、社会治安秩序混乱等现象也是提高我国游客境外旅游安全风险水平的重要因素。据悉，马来西亚沉船事件的涉事船公司就存在违规运营情况，游客在法国、泰国等地被抢事件则是目的地国社会治安混乱的体现。

2.3 反全球化思潮和中国威胁论增加了境外旅游安全风险

近些年，由于全球经济发展不平等、资源分配不公平等原因导致了发达国家中产阶层的焦虑，包括美国“美国优先”主张、英国脱欧公投等都极大地影响了全球化发展，保护主义、民粹主义、孤立主义等反全球化（或逆全球化）思潮不断涌现，影响了国际局势，导致了国家或地区间的关系紧张，在一定程度上也影响了全球旅游的友好环境。此外，随着中国国际地位的不断提升，“中国威胁论”甚嚣尘上，国际上时不时就会出现对中国发展的怀疑与攻击，并通过西方媒体影响了西方民众对中国的看法。在这两个方面因素的影响下，加之当前过度旅游（overtourism）的问题也很突出，我国出境旅游消费增长迅速、规模庞大，中国公民的境外旅游安全风险环境也发生了变化。在反全球化的情绪躁动下，国家或地区的政局紊乱促使目的地旅游环境秩序混乱，强抢、犯罪和恐怖主义必然成为境外旅游安全的主要威胁（图1），且这些社会事件均属于不可抗因素，我国难以从源头上控制中国公民境外旅游安全事件的发生。“强国战略”、“大国崛起”等词汇抢占各大荧屏，其他国家或地区对于中国的快速发展产生恐惧或者抵制心理，易导致蓄意破坏、歧视等恶性行为，这无疑也增加了中国公民出境旅游安全风险。

2.4 中国公民的安全风险意识薄弱

根据近几年发生的海外公民旅游安全事件来看，我国公民的安全风险意识处于较低水平，缺乏安全意识和安全知识。对于我国出境游客表现出的自由行、散客化倾向，出境游客的结构以及阶层状况等发生了很大变化，游客素质和文明程度参差不齐，以及越来越深入到非热门景点和目的地的趋势而言，这种低安全风险意识的状况将极大地影响旅游安全事故的发生概率。很多事故的发生均是由于我国游客在旅游前忽视安全知识的获取，在旅游中轻视安全事故的危害，游客更多地呈现出侥幸或是不以为然的心理特征。例如，近几年因海外涉水安全事故的死亡人数不断上升，溺水身亡已成为海外旅游安全的最大威胁之一。造成溺水的原因主要是游客不顾服务人员或红旗警示牌的提醒，

图1 2018年11月，法国“黄马甲”在香榭丽舍大街聚集，封堵道路、破坏设施　　图片来源：法语世界

执意从事高风险游玩项目，导致悲剧发生。从心理学的角度分析，很多游客尽管知道存在安全风险，但对安全事故可能造成的严重后果的感知程度较低，或者抱有一种侥幸心理，从而使得境外不少旅游安全事件呈现出更多感性特征，缺乏理性思考。简而言之，这种侥幸的心理特征正是由于游客自身安全风险意识薄弱造成的。为此，国内经营出境旅行的服务机构需要在企业发展安全观念、社会责任感等方面进一步强化，在收客时要严格按照相关规程进行旅游安全告知和教育，在进行国外产品采购以及寻找境外合作伙伴的过程中，要加强对产品所涉安全风险的评估，要重视合作伙伴安全管控制度建设方面的考察和评估，从而最大限度地提高游客的安全意识，最大限度降低出境游客安全意识较低情况下发生旅游事故的概率，保障出境游客的人身财产安全。

3 出境旅游安全管理的提升对策

3.1 专设境外旅游安全信息平台

为保障公民出境旅游安全，中国领事服务网、文化和旅游部等官方网站均会不定期发布其他国家或地区的社会安定状况及旅游安全提示等一系列信息（图2）。但是这些旅游安全信息的呈现具有碎片化的特点，导致游客难以及时有效获取这些信息，信息传播效果差、效率低。境外旅游安全信息平台的设立将有助于解决这一难题：一方面为发布旅游安全信息提供统一的正规渠道，扩大其传播范围，增强传播效果；另一方面有助于增强游客旅游安全风险防范意识，提升游客对于旅游安全的感知程度与关注程度，理性选择旅游安全保障水平较低的国家从事旅游活动，减少甚至消除可控性旅游安全事件发生率。

该平台应该由文化和旅游部、交通运输部、驻外办事处等部门和机构联手合作，分模块整理并及时发布相关出境旅游安全信息资料，实现信息的聚集化、模块化，提升游客获取境外旅游安全信息的效度与信度。首先，出境旅游安全信息要具备全面性、易获取性。全面性是指信息内容要具有全方位、多层次的特点，具体包括目的地国家的安全环境状况（政治、社会、经济和法律等）、境外旅游安全注意事项、旅游保险体系、紧急救助体系、投诉维权体系等内容。易获取性是指信息内容要通俗易懂，且容易被游客感知和获取。其次，境外旅游安全信息平台应该与国家使领馆、国际救援组织及相关旅游企业建立合作伙伴关系，通过联动机制统筹协调各组织能力，充分发挥各组织机构的优势，节省人力成本、物力成本和财力成本的同时，提升旅游安全防范工作和旅游安全救援工作。最后，平台工作体系要以保障中国公民境外旅游安全为根本准则，以预警系统、救援系统建设为核心，通过发布境外旅游安全信息的形式来提醒游客关注旅游安全问题，在行前助力游客做好目的地选择，在行中保障游客旅游人身和财产安全，在行后鼓励游客主动传播旅游安全重要性。

3.2 成立境外旅游安全协会

为了提升游客境外旅游安全水平，境外旅游安全协会应该从以下三个方面着手。

第一，做好境外旅游安全防范工作。境外旅游安全协会应定期组织旅游安全知识的宣讲会，由研究旅游安全领域及相关法律领域的权威专家向游客普及境外旅游安全风险防范知识，传授旅游安全事件的应对方法与维权程序等。实际上，无论是自然灾害风险事件和事故灾害风险事件，还是公共卫生风险事件和社会安全风险事件[5]，在一定程度上都可以通过加强推进境外安全防范工作来降低其事件发生率。境外旅游安全协会将有助于推进安全防范工作的实际效益，向社会传播基本法律知识和境外旅游安全防范知识，确保游客境外旅游安全。

第二，做好境外旅游安全协商沟通工作。要做好国内与国外的旅游安全保障机制的沟通工作，以及我国政府与中国公民之间关于境外旅游安全问题的预警与管理的沟通工作。首先，借助协会的力量，为国内外有效的表达与交换有关境外旅游安全问题的观念提供平台，统筹国内外旅游安全工作的实际，扎实推进境外旅游安全保障工作。其次，通过双向交流机制，及时与政府沟通境外旅游安全事件的实际发生状况，与游客沟通境外旅游安全的应急与保障工作的落实状况，加快政策文件的落地，保障游客境外安全。

第三，做好境外旅游安全状况调查工作。调查工作内容可包括境外旅游安全风险的起因、经过和结果，

图2 文化和旅游部出行提示页面

按年度记录中国公民在各个国家或地区发生的旅游安全事件，深度分析导致其后果的缘由，并发布年度境外旅游安全风险水平报告，发布易发生的安全事件类型和风险水平较低的国家名单，对中国公民的出境游安全问题起到警示作用。

3.3 中国公民自觉增强安全防范意识

从近几年发生的旅游安全事件来看，很多游客在外出旅游过程中的安全防范意识十分薄弱。即便是有相关工作人员劝阻或者告知其某项活动存在较大的安全风险，但一些游客仍然执意进行一些危险系数较高的活动，导致自身生命或者财产安全受到损害。作为游客，应该加强自身的风险防范意识和安全意识，对自己的安全负责。

首先，慎重选择旅游目的地国家。在出游之前，做好详尽的出行计划，了解目的地国家的政治局势、社会治安和气候条件等信息，为自己的出游安全做好准备工作。其次，尽量购买境外旅游险。面对复杂的国际环境，在出境旅游过程中存在诸多潜在的、不可确定的旅游安全风险，旅游保险则能够降低游客因旅途中的“意外”风险而产生的经济损失。境外旅游险含有意外险、紧急救援险和财产险，能够确保游客在国外受到人身或者财产伤害时可以得到及时的救助或补偿。最后，掌握境外游需具备的基本常识与知识。一方面游客应注重培养文明旅游的意识，遵守目的地国的法律法规和公共秩序，尊重当地的文化风俗和宗教传统。另一方面游客应当了解境外旅游安全的相关注意事项，不从事危险性活动，当发生旅游安全事件时懂得联系相关救援组织。

参考文献

[1] 2017年海外旅游安全事故致182名中国公民意外身亡[N]. 中国侨网，http://www.chinaqw.com/hqly/2018/01-25/176590.shtml.

[2] 黄英. 出境旅游安全风险及防控对策[J]. 价值工程，2017，36（35）：30-32.

[3] 邹永广. 意识与应景：中国旅游安全政策演进特征研究[J]. 旅游学刊，2018，33（06）：110-122.

[4] 谢朝武，张俊，陈岩英. 中国出境旅游安全风险的区域分布研究[J]. 中国安全科学学报，2018，28（01）：155-160.

[5] 全国人民代表大会. 中华人民共和国突发事件应对法[L]. 2007-08-10.

中国游客赴拉丁美洲主要国家旅游安全感知网络特征研究

A Research on Online Safety Perception to Destination Countries of Latin America by Chinese Outbound Tourist Applying UGC Data

文 / 邹永广 李强红

【摘 要】

随着Web2.0时代的到来，在线旅游网站成为旅游者分享旅游游记的重要平台。通过对旅游游记文本的挖掘，从社会网络分析视角，对旅游安全感知事件与旅游目的地的2-模网络结构进行分析。研究主要发现：(1)旅游安全感知事件数量呈现“两极分化”特征，以社会环境安全感知为主，以自然环境安全感知为补充，事故灾难安全感知和公共卫生安全感知所占比重较小；(2)各类旅游安全感知类型空间分布上具有同质性，如财物被盗、治安环境差和遭遇抢劫均分布在巴西、阿根廷和秘鲁；(3)治安环境差、财物被盗和遭遇抢劫属于核心节点，交通秩序混乱、天气多变以及文化习俗冲突属于重要节点，高原反应和动物威胁是边缘节点。最后，根据相关研究结果，提出安全风险防控建议：旅游目的地相关部门应对事件多发地进行针对性的定期与不定期的安全排查，加强旅游管理体制的建设并确保旅游质量监督制度的落地；热门旅游地应建立安全监测系统和旅游人流量监测与预报系统，对旅游安全感知事件进行时间段的收集与分析；对已发生的安全事件，应紧急启动公共救援、商业救援与公益救援三位一体的应急合作方案，并迅速对安全事件进行危机公关处理，避免势态的进一步扩大。

【关键词】

旅游安全感知；目的地国家；社会网络分析；拉丁美洲

【作者简介】

邹永广 华侨大学旅游学院副教授

李强红 华侨大学旅游学院硕士研究生

1 导言

随着大众旅游时代的到来，居民出游率逐渐上升，出游方式也逐渐多元化，出境游成为中国游客出游方式的选项。拉丁美洲因其神秘的古印第安和古玛雅文化为代表的人文资源以及以火山、热带雨林、加勒比海等为代表的自然资源（图1、图2），如好莱坞卖座大片《007幽灵党》取景地和迪士尼动画《寻梦环游记》取景题材的墨西哥、世界上最好的手工雪茄产地和《老人与海》作者海明威故居的古巴、网红粉红沙滩的巴哈马以及蓝山咖啡产地的牙买加，吸引着越来越多的中国人前往。据统计，自增加了墨西哥城至上海和广州直航后，2017年上半年赴墨西哥旅游人数为43678人次，同比增长21.6%[1]；2018年1月至7月前往墨西哥的游客约有10万人，与去年同期相比增长28.2%[2]；据秘鲁出口暨观光推广局最新的统计数据显示，2018年第一季度到访秘鲁的中国游客较去年同期增长了40%[3]；2017年，巴西接收了61250名中国游客（图3、图4），与2016年相比增长了6%[4]；2017年赴古巴旅游的外国游客数量已经超过200万人次，与去年同期相比增长了15%[5]。但拉丁美洲存在各国地形、种族构成以及社会结构复杂等不安全因素，旅游安全事件频发，致使中国游客财产受损以及人身安全受威胁，严重影响拉丁美洲各国旅游形象。据不完全报道，2017年7月秘鲁枪杀事件，两名福建籍华人遇难[6]；2017

图1 秘鲁印加遗址—马丘比丘　　图片来源：由王爱萍提供

图2 秘鲁的印加人 王爱萍/摄

图3 巴西里约热内卢桑巴大道狂欢节 王爱萍/摄

年10月哥斯达黎加持枪抢劫华商超市事件，共发生四起，一名华人腿部受枪伤、相关超市财物被劫[7]；2018年9月墨西哥绑架和暴力抢劫事件，数名中国游客受伤且财物被抢[8]；2018年10月秘鲁杀人事件，一名华人男子身亡[9]；2018年10月阿根廷城铁列车出轨事件，致使3名华人受伤[10]。安全事件接二连三地发生，严重影响了拉丁美洲主要国家在中国游客心中的安全形象。因此，厘清拉丁美洲各国旅游安全事件类型，找出旅游安全事件发生规律，做好安全风险防控成为当下亟须解决的问题。为此，在现有研究基础上，本

图4 伊瓜苏瀑布（巴西侧） 王爱萍/摄

研究以中国游客赴拉丁美洲主要国家的旅游游记作为研究数据资料，从社会网络分析视角分析中国游客赴拉丁美洲主要国家旅游安全感知的网络特征，厘清旅游安全事件内在发生规律，在此基础上提出风险防控建议。

2 文献综述

安全是评价旅游体验质量的重要环节，旅游目的地的安全感知是决定游客出游意愿的晴雨表，且影响着游客的消费决策。心理学普遍认为安全感知是主观诉诸客观的感觉，是人们对自身可能出现的危险和风险的预感及个体在应对时的有力或无力感[11]。旅游感知是人们通过感觉器官获得对旅游对象、旅游环境条件等信息的心理过程[12]，包括游前旅游感知和游后旅游感知[13]。而目的地安全性是旅游感知的重要因子，直接影响游客对目的地的选择和旅游地的可持续发展。旅游风险感知是指个体对存在于外界的各种客观风险的心理感受和认识[14]，旅游者的主观意识和自身安全状态在旅游体验过程中极容易受到外界环境的刺激。本研究将旅游安全感知定义为：游客在旅行过程中通过对外界环境的观察和直接体验造成自身对旅游安全状态的主观感受与认识。

国内外学者从旅游安全/风险感知的概念、分类、维度及影响因素等方面做了系统的研究。从感知范畴来看，游客的安全感知可以区分为微观安全感知和宏观安全感知两类，即对事发地微观安全形象的感知和对事发地和事发地以外的总体旅游市场的安全形势和形象的感知[15]。经过量表开发、问卷调查、探索性因子分析等探索性研究，许晖等（2013）发现除身体风险、功能风险、财务风险、沟通风险、心理风险、社会风险6个基本感知风险维度外，还存在服务风险、设施风险和沟通风险3个旅游消费情境下特定的感知风险维度[16]。受外在和自身因素的影响，不同游客群体对旅游安全感知的评价存在差异。如吴必虎等（2001）研究了潜在大学生旅游者对旅游安全的感知，得出距离和安全感知具有反比关系，距离越远，安全感越小[17]；以上海老年人为例，王蔚（2016）认为旅游安全交通、治安状况、旅游高峰期景区的拥挤状况和购物过程中的诚信状况最容易影响老年人对旅游目的地安全性的评价[18]。距离、交通安全和治安状况尽管是影响旅游安全感知的重要因素，但只是充分条件，而非充分必要条件。所以，影响游客旅游安全感知的背后必有深层次的原因，必须由表及里进行多层次、多因素的分析。研究并找出影响游客安全感知水平高低的主要影响因素，将更能全面了解旅游安全感知产生原因[19]。国外学者认为外界诱导性因素和个体自身因素是影响消费者对目的地旅游安全感知的主要因素[20-22]。王晶晶等（2015）通过对内地十个代表性城市居民进行问卷调查获取数据，运用因子分析提取了台湾旅游安全感知四个主要因素，即旅游活动要素、旅游安全管理、自然因素和社会因素[23]。对于海岛旅游者来说，台风、涌潮等自然灾害、海鲜中毒、海鲜污染、轮渡事故是其目的地选择时的决定性因素[24]。时空因素是旅游地自然和社会环境、气候和地理环境、旅游容量和流量等综合风险因素的载体，也是影响旅游安全事件的重要因素[25]，而旅游安全事件的发生是游客与旅游环境中的不安全因素单独或共同发生于同一时空的结果[26]。那么，如何从游客对旅游环境的感知视角，刻画旅游安全事件与发生地之间的网络特征关系，并针对性提出风险防控建议，是一个亟须解决的问题。

综上所述，已有文献为旅游安全感知的研究建立了扎实的理论根基，但探析不同类型旅游安全事件与多样的发生场所之间的网络关系较少涉及。基于此，本研究借助社会网络二维模分析，构建不同类型旅游安全事件与发生地的网络矩阵，厘清两者之间的内在联系，以期为相关部门提供风险防控政策建议。

3 研究数据与研究方法

3.1 数据来源与处理

网络游记是旅游者通过在线旅游网站分享自身在旅游过程中的所见所闻及真实感受，并供他人参考的网络文本。目前携程网是中国用户量最大的在线旅游网站，也是旅游者在线旅游搜索度假产品信息的主要网站[27]，并发布了大量的旅游攻略、评价和出行游记等旅游信息数据。故本研究以携程网上旅游者发表的出行游记作为原始资料，在此基础上进行信息整理和网络矩阵构建。

本研究以携程网为数据来源库，于2018年11月15日~11月20日期间通过八爪鱼采集器采集中国游客赴拉丁美洲主要国家的游记文本。并将游记信息以游记标题、时间、作者、内容和网络链接进行整理，对搜集到的游记中内容相同且与研究主题不相关、不属于文字信息以及不属于自身真实经历的游记文本进行删除。然后，仔细阅览游记内容，将游记中涉及旅游者自身在旅游过程中感知到的不安全信息和经历的旅游安全事件进行提取，最终获取有关中国游客赴拉丁美洲主要国家有关旅游安全信息127条旅游安全游记，包括8个主要拉丁美洲国家。最后，构建旅游安全感知与感知地网络矩阵，将旅游感知事件在感知地发生一次记作1，累计叠加。借助Ucinet 6进行测试，以1为切分值，将多值关系数据转换成二值关系数据再进行中心度和可视化分析。

3.2 研究方法

社会网络分析法(Social Network Analysis)是综合运用图论、数学模型来研究行动者与行动者、行动者与其所处社会网络以及一个社会网络与另一社会网络之间关系的一种结构分析方法[28]。“中心性”是社会网络分析中的重点之一，用来表示行动者在社会网络中所处的地位。网络中心性指标包括度数中心度、中间中心度和接近中心度，在2-模网络中一个节点的度数中心度表示该点所隶属的事件数，一个旅游安全事件的度数中心度表示该事件所拥有的行动者数；2-模网络中一个节点的接近中心度越高表示旅游安全事件与事件发生场所之间的关联程度越高；中间中心度表示一个节点对其他节点的依赖程度，即一个节点的中间中心度越高，表示该节点成为其他两个节点的“中介”可能性越大。中心度分为绝对中心度（Degree）和相对中心度（NrmDegree），其中绝对中心度注重一个网络中各点的内部联系，而相对中心度可以比较两个网络各点之间的关系，本研究采用相对中心度来探究旅游安全感知与旅游目的地之间的联系。网络中心性的表达式如下[29]：

点度中心度：

$$C_{AD}(i) = i \text{ 的度数}$$

中间中心度：

$$C_{ABi} = \sum_{j}^{n}\sum_{k}^{n} b_{jk}(i), j \neq k \neq i \text{ and } j < k$$

接近中心度：

$$C_{AP_i}^{-1} = \sum_{j=1}^{n} d_{ij}$$

式中：$b_{jk}(i)$表示组织 i 处于组织 j 与组织 k 之间的测地线上的概率；d_{ij}是组织 i 与组织 j 之间的测地线距离；n 表示跨组织合作网络的规模。

4 中国游客赴拉丁美洲主要国家旅游安全感知网络结构特征分析

4.1 中国游客赴拉丁美洲主要国家旅游安全感知类型

本研究通过对原始资料文本进行搜集整理，整理出2013年6月~2018年6月中国游客赴拉丁美洲主要国家旅游安全信息127条，具体产生旅游安全感知事件计129条，根据《中华人民共和国突发事件应对法》对游客安全感知进行分类，总结归纳为灾难事件、公共卫生事件、社会安全事件和自然灾害四大类型，经数据整理最终归纳出四大类、16亚类游客安全感知类型（表1）。

从表1可以看出，2013年6月~2018年6月期间，中国游客赴拉丁美洲主要国家旅游安全感知类型分布中，事故灾难安全感知共发生2类，共15次，占比11.42%；其中被宰受骗和浮潜受伤是游客较常遇到的安全事件；自然环境安全感知共4类，计17次，占比13.28%。公共卫生安全感知共1类，共5次，占比3.91%；社会环境安全感知共9类，共发生92次，占比71.89%。财物被盗和社会治安较差是影响游客较严重的安全感知。

4.2 中国游客赴拉丁美洲主要国家旅游安全感知网络量化分析

本研究通过Ucinet 6对旅游安全感知—旅游目的地2-模网络进行量化处理，分别得出安全感知和发生地的点度中心度、接近中心度以及中间中心度。表2和表3分别为2013年6月~2018年6月中国游客赴拉丁美洲旅游安全感知行为中心度和发生区域中心度。

如表2所示，就点度中心度而言，治安环境差和财物被盗较高，分别为0.778和0.667。同时财物被盗的接近中心度最高，表明中国游客赴拉丁美洲主要国家旅游过程中，易受到目的地国家较差的治安环境影响，且易发生财物被盗事件，普遍性较大。如游记中提及的：在秘鲁还有巴西旅行的时候都没有遇到坏人，但是好多同学在阿根廷被偷了；巴西经常会有偷窃抢劫案发生，所以再三被朋友们提示不要在路上玩手机，看管好自己的包包。从接近中心度整体来看，各类安全感知的接近中心度较高并且比较接近，表明各类旅游安全感知分散于拉丁美洲各国。其中财物被盗分布最广，其次是遭遇抢劫和天气多变，这可能与旅游目的地客流量过高有关；从中间中心度看出，治安环境差较高，说明治安环

表1 2013年6月~2018年6月中国游客赴拉丁美洲旅游安全感知类型分类

来源类型	感知类型	频次	比率	来源类型	感知类型	频次	比率
事故灾难安全感知	遭遇抢劫	11	8.59%	社会环境安全感知	游览设施差	7	5.47%
	被宰受骗	4	3.13%		交通秩序混乱	10	7.81%
自然环境安全感知	高原反应	2	1.56%		交通基础设施差	4	3.13%
	动物威胁	2	1.56%		文化习俗冲突	8	6.25%
	天气多变	9	7.03%		居民素质低下	4	3.13%
	自然环境复杂	4	3.13%		居民排外	4	3.13%
公共卫生安全感知	环境脏乱	5	3.91%		治安环境差	31	24.22%
					财物被盗	21	16.41%
					强买强卖	3	2.34%

表2 2013年6月~2018年6月中国游客赴拉丁美洲旅游安全感知行为中心度分析

	点度中心度	接近中心度	中间中心度
治安环境差	0.778	0.515	0.238
财物被盗	0.667	0.867	0.225
文化习俗冲突	0.444	0.684	0.079
天气多变	0.444	0.709	0.054
交通秩序混乱	0.333	0.661	0.057
遭遇抢劫	0.333	0.709	0.032
游览设施差	0.222	0.619	0.01
交通基础设施差	0.222	0.619	0.005
居民素质低下	0.222	0.6	0.01
居民排外	0.222	0.619	0.008
强买强卖	0.222	0.565	0.005
环境脏乱	0.222	0.534	0.009
被宰受骗	0.222	0.494	0.009
高原反应	0.111	0.565	0.000
自然环境复杂	0.111	0.481	0.000
动物威胁	0.111	0.565	0.000

表3 2013年6月~2018年6月中国游客赴拉丁美洲旅游安全感知发生区域中心度分析

	点度中心度	接近中心度	中间中心度
秘鲁	0.563	0.696	0.302
阿根廷	0.5	0.667	0.185
巴西	0.438	0.615	0.187
古巴	0.313	0.571	0.082
智利	0.25	0.552	0.098
哥伦比亚	0.25	0.286	0.057
牙买加	0.188	0.471	0.046
墨西哥	0.125	0.5	0.045
哥斯达黎加	0.125	0.485	0.016

境差这一问题普遍分布于拉丁美洲各国，且多数发生于郊区、广场、市区、火车站、地铁、酒店等地点，如游记中提到的：旅游的话首先一点是要注意人身安全，首都郊区治安不太好，经常有华人超市被抢；其次据说治安并不好，建议游客留在观光区就好了，不要在附近瞎逛。由于拉美地区平均海拔仅600米，高原、丘陵和山地较少，地势相对平坦，故高原反应、自然环境复杂以及动物威胁的中间中心度为零，这说明这些安全感知事件只在少部分地区出现，不具有代表性。

如表3所示，秘鲁和阿根廷的点度中心度相比于其他国家较高，其次是巴西和古巴，再其次是智利和哥伦比亚。说明秘鲁和阿根廷是安全感知事件多发地，这在一定程度上表明秘鲁和巴西的客流量较高，而其他国家是中国游客认为是较安全的旅游目的地国家；从整体来看，各国的接近中心度普遍较高且接近，说明中国游客在各国产生的安全感知具有相似性，经过仔细浏览游记内容，发现中国游客赴拉丁美洲主要国家旅游过程中对旅游环境评价均提及社会环境安全感知，这与拉丁美洲地区人口的民族—种族构成复杂有关，种族融合程度较低是拉丁美洲多数国家亟待解决的社会问题，故诸如暴力抢劫等社会矛盾冲突多次发生，且各国的自然资源如林业、矿产资源较为相似；从中间中心度来看，秘鲁最高，为0.302，最低的为哥斯达黎加，这说明秘鲁作为中国游客旅游过程中的中转国，这期间发生的安全感知事件会对游客的心理造成负面影响。

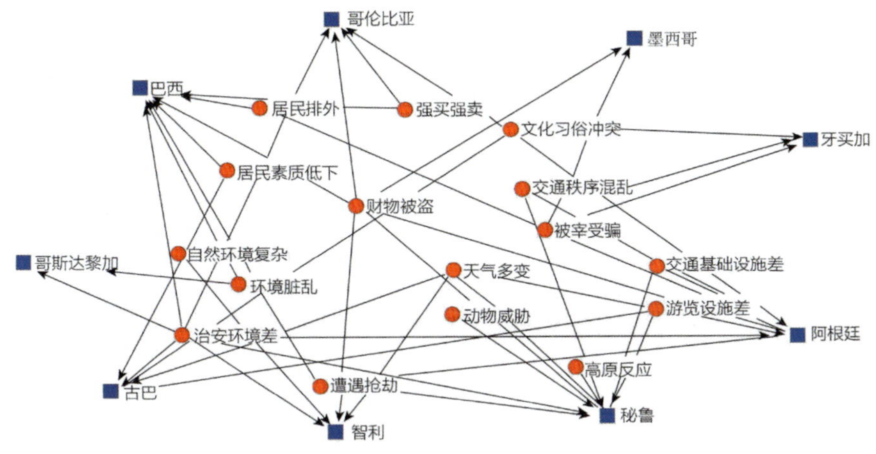

图5 旅游目的地安全感知行为2-模网络图

4.3 中国游客赴拉丁美洲主要国家旅游安全感知网络可视化分析

安全感知事件及其发生场所关系的可视化能详细阐述两者之间的二元关系。本研究以中国游客赴拉丁美洲主要国家所产生安全感知为事件，安全感知发生国家为行动者，从而构建安全感知—目的地2-模网络。借助社会网络分析软件Ucinet6和可视化工具Netdraw对安全感知—目的地2-模网络进行可视化分析，生成安全感知—目的地2-模网络图（图5）。安全感知—目的地2-模网络由25个节点和129条关系线构成，整体网络密度为0.42，说明旅游安全感知和旅游目的地之间的关联程度较高。图中节点所隶属的连接线越多，表示该节点在网络中所处的角色地位越突出。对于旅游目的地来说，一个目的地所隶属的连接线越多，则代表该地区发生地旅游安全感知事件越多。其中，秘鲁、阿根廷和巴西的连接线最多，表示这三个国家是游客旅游安全感知多发地。可以看出，治安环境差、遭遇抢劫以及财物被盗三类安全感知在三个国家均有发生，在一定程度上说明这三类不安全因素已成为中国游客的心理负担，影响中国游客游玩质量。在游客安全感知事件中，每类安全感知事件与事件发生地连线越多，则表示该类安全感知事件在中国游客赴拉丁美洲旅游的主要国家中发生次数越多，属于普遍性事件。从图3可以看出，财物被盗、治安环境差、遭遇抢劫处于网络的中心位置，是影响中国游客不安全感知的主要因素，已成为拉丁美洲主要国家需要重视的问题。

5 研究结论与建议

5.1 研究结论

本研究以赴拉丁美洲旅游的中国游客在携程网上发表的网络游记作为原始资料，借助社会网络分析工具，构建安全感知—目的地2-模网络矩阵，对旅游安全感知特征及其与发生场所之间的关联程度进行深入分析，结论如下。

（1）旅游安全感知事件数量呈现“两极分化”特征。整体而言，社会环境安全感知类型多，所占比例最大，共发生92次；公共卫生安全感知类型少，占比最少，共发生5次。具体来说，治安环境差和财物被盗发生频次最高，多达52次，占比40.63%，是影响中国游客不安全感知的最主要因素，其次是遭遇抢劫和交通秩序差。旅游安全感知事件的频发会造成游客的心理负担，对旅游目的地形象产生负面影响，甚至是潜在游客选择旅游目的地的重要因子。

（2）不同类型的旅游安全感知事件空间分布具有同质性。通过对中国游客赴拉丁美洲主要国家旅游安全感知-目的地2-模网络进行量化分析，从安全感知和发生区域三种中心度测量结果可以发现：游客安全感知事件类型以财物被盗、治安环境差和遭遇抢劫为主体，并同时分布在巴西、阿根廷和秘鲁，这与各国的社会现状相符：据秘鲁监察办公室的统计数据显示（2018），由于大区和地方选举，10月份社会冲突事件创新高，达到199起[30]。

（3）旅游安全感知—目的地2-模网络整体结构比较松散，且不均衡性较强。对于安全感知事件来说，主要有治安环境差、财物被盗和遭遇抢劫，属于核心节点；高原反应和动物威胁是边缘节点，不具有代表性。阿根廷、秘鲁以及巴西是旅游安全感知发生地的“代表国”，属于安全感知事件多发国家，而墨西哥和哥斯达黎加属于安全感知事件冷点国家，这与前两点结论一致，再一次说明中国游客赴拉丁美洲主要国家的旅游安全感知分布具有核心—边缘特征。

5.2 管理建议

旅游业具有链条长、环节多以及主体多的特点，不安全因素一直存在于旅游过程中。规避不安全因素对旅游业的冲击在一定程度上可确保游客在旅游过程中的人身、财产及心理安全，进而推动旅游业健康持续的发展[31]。本研究分析了中国游客赴拉丁美洲主要国家旅游安全感知的网络结构特征，意在为旅游安全风险防控提供建议，并提出以下几点管理建议。

（1）研究发现，阿根廷、秘鲁以及巴西旅游安全突出在治安环境差、财物被盗和遭遇抢劫等方面，故目的地相关部门应对事件多发地进行针对性的定期与不定期的安全排查，最重要的是加强旅游安全监管和执法力度；与此同时，中国游客在巴西和哥伦比亚旅游过程中出现了强买强卖的现象，因而目的地政府应加强旅游管理体制的建设和确保旅游质量监督制度的落地，规避游客的投诉和对旅游目的地的负面评价。

（2）热门旅游地和安全感知事件多发地应建立安全监测系统和旅游流量监测与预报系统，及时收集和发布各类旅游设施利用情况信息及各景点旅游人数等信息，引导游客和旅行社对潜在的不安全因素进行规避[32]，将监测到的信息及时发布给旅游者，并设置智能与人工相结合的旅游咨询服务平台。

（3）积极对旅游安全感知事件进行时间段的收集与分析。不同群体的游客旅游安全感知存在差异并具有不确定性，不同季节和时段也是影响游客安全感知的外在因素，因而在对安全事件进行原因分析时应结合实际情况，听取专家、游客与当地居民的建议。最后，将分析结果汇编成安全指南，在旅游景区、酒店、旅行社等人群密集的地方进行免费发放，提高游客和居民的旅游安全意识。

（4）对已发生的安全事件，应紧急启动公共救援、商业救援与公益救援三位一体的应急合作方案[33]，多部门协同救援，但应避免多部门合作时产生的无效工作，且应提前制定各类旅游安全事件的救援计划；对于安全事件的危机公关处理，在安全事件发生之初，事件发生地的相关部门应快速做出回应，表明态度和立场，否则就会产生更多的负面新闻，一旦事件信息传播超过控制范围，就会通过网络快速扩散至全国甚至其他国家，势态将进一步扩大[34]。

基金资助

国家社会科学基金项目“旅游目的地游客安全感测评与提升路径研究”(16CGL027) 资助。

参考文献

[1] 搜狐网. 今年上半年中国赴墨西哥旅游人数增长 21.6%[EB/OL].[2017-08-07] http://www.sohu.com/a/162854855_738972.

[2] 搜狐网. 墨西哥在 2018 年前 7 个月接待约 10 万名中国游客[EB/OL].[2018-09-19] http://www.sohu.com/a/254761352_100158165.

[3] 光明网. 中国赴秘鲁的游客净增长 40% 秘鲁的旅游文化产品日益吸引中国游客[EB/OL].[2018-07-26] http://economy.gmw.cn/xinxi/2018-07/26/content_30107856.htm.

[4] 东方财富网. 2017 年我国赴巴西旅游人数创新高[EB/OL].[2018-05-31] http://finance.eastmoney.com/news/1355,20180531880607656.html.

[5] 央视网. 古巴：赴古巴游客数量增长迅猛[EB/OL].[2017-05-04] http://news.cctv.com/2017/05/04/ARTIPg6oQtjWAWiIZSU8GVJ4170504.shtml.

[6] 中国新闻网. 秘鲁发生枪击案造成两名华人死亡惨剧[EB/OL].[2017-07-12] http://www.chinanews.com/hr/2017/07-12/8275310.shtml.

[7] 中国新闻网. 哥斯达黎加发生数起持枪抢劫华商案中使馆发提醒[EB/OL].[2017-10-20] http://www.chinanews.com/hr/2017/10-20/8356702.shtml.

[8] 人民网. 外交部发布提醒：在墨西哥注意加强安全防范[EB/OL].[2018-09-05] http://travel.people.com.cn/n1/2018/0905/c41570-30272828.html.

[9] 大众网. 疑与阿根廷华人男子身亡案有关一名秘鲁男子被捕[EB/OL].[2018-10-22] http://www.dzwww.com/xinwen/guojixinwen/201810/t20181022_17974049.htm.

[10] 政府网. 中国驻阿大使馆：3 名华人在阿根廷城铁事故中受伤[EB/OL].[2012-02-23] http://www.gov.cn/jrzg/2012-02/23/content_2074912.htm.

[11] 邹统钎，旅游危机管理[M]. 北京：北京大学出版社，2005.

[12]黎洁，赵西萍. 美国游客对西安的感知研究[J]. 北京第二外国语学院学报，2000(01)：51 – 56.

[13] 李艳. 基于游前／游后对比视角下的内地游客赴西藏旅游风险感知研究[D]. 陕西：陕西师范大学，2016.

[14] 刘纯. 旅游心理学[M]. 北京：科学出版社，2004：12 – 25.

[15] 杨钦钦，谢朝武. 游客微—宏观安全感知与出游意愿的互动效应——基于巴黎恐袭的案例研究[J]. 旅游学刊，2018，33(05)：68 – 78.

[16] 许晖，许守任，王睿智. 消费者旅游感知风险维度识别及差异分析[J]. 旅游学刊，2013，28(12): 71 – 80.

[17] 吴必虎，王晓，李咪咪. 中国大学生对旅游安全的感知评价研究[J].桂林旅游高等专科学校学报，2001(03)：62 – 68.

[18] 王蔚. 旅游安全感知对老年人旅游意向的影响研究——以上海市老年人为例[D]. 上海：上海师范大学，2016.

[19] 吴国清. 国内外旅游风险感知研究述评[J]. 社会科学家，2015(12)：83 – 87.

[20] Mansfeld Y. Tourism, Security and Safety [M]. 2006.

[21] Pine R., Mckercher B. The impact of SARS on Hong Kong's tourism industry [J]. International Journal of Contemporary Hospitality Management, 2004, 16(2): 139 – 143.

[22] Méheux K., Parker E. Tourist sector perceptions of natural hazards in Vanuatu and the implications for a small island developing state [J]. Tourism Management, 2006, 27(1): 69 – 85.

[23] 王晶晶，郑向敏. 内地居民对台湾地区的旅游安全感知研究——基于内地十个代表性城市的调查[J]. 乐山师范学院学报，2015，30(05)：76 – 82.

[24] 林炜铃，陈金华. 旅游者对平潭岛旅游安全感知实证研究[J]. 乐山师范学院学报，2012，27(04): 71 – 73.

[25] 李月调，谢朝武，王静. 时空因素对我国赴泰旅游安全事故的影响[J]. 世界地理研究，2017，26(4)：128 – 135.

[26] 张西林. 旅游安全事故成因机制初探[J]. 经济地理，2003，3(4)：542 – 546.

[27] 中国互联网络信息中心(CNNIC). 2014 年中国在线旅行预订市场研究报告[R]. 2015.

[28] 邹永广，林炜铃. 合作网络视角下社区旅游安全公共治理研究——以崇武古城为例[J]. 华侨大学学报(哲学社会科学版)，2017(05)：25 – 34.

[29] 刘军. 社会网络分析导论[M]. 北京：社会科学文献出版社，2004：112 – 131.

[30] 选矿网. 10 月份秘鲁社会冲突事件上升[EB/OL]. [2018 – 11 – 21] https://www.mining120.com/news/show-htm-itemid-343648.html.

[31] 同[23].

[32] 同[23].

[33] 何月美，邹永广，莫耀柒，等. 旅游安全事故跨组织合作处置的网络结构特征研究[J]. 中国安全生产科学技术，2018，14(07)：67 – 72.

[34] 庞璐，杨敏，李君轶. 景区危机信息微博扩散的空间特征研究——以 2012 年国庆华山事件为例[J]. 干旱区资源与环境，2017，31(04)：183 – 188.

拉萨布达拉宫

旅游风险管理

Tourism Risk Management

叶欣梁　梅俊青　跨国旅游安全风险管理研究：以泰国普吉岛游船事件为例

代姗姗　魏　超　汤宝倩　许辛颖　招炜妍　游客风险感知：基于个体—环境二元结构的分类框架

幸　运　张　俊　刘　勇　程　励　山地探险旅游者个性与安全意识影响效应

石　勇　王文华　苏毅博　上海中心城区旅游吸引物暴雨内涝危险性评价

徐晓东/摄

跨国旅游安全风险管理研究：以泰国普吉岛游船事件为例

A Research on Transnational Tourism Risk Management: A Case Study of Thailand Phuket Yacht Disaster

文 / 叶欣梁 梅俊青

【摘 要】

普吉岛翻船事故暴露了一些旅游安全风险管理问题，险情预警工作应加强，游客对风险认识不够，旅游安全管理欠规范，该事件的发生对跨国旅游风险管理提出了新的要求，有关部门应建立完善的跨国旅游风险管理体系，旅行机构要注重风险预警信息的收集，加大风险识别和管理的宣传力度和国际合作，建立跨越国际边界、一体化治理风险管理机制。

【关键词】

普吉游船事件；跨国旅游；风险管理

【作者简介】

叶欣梁 上海工程技术大学管理学院教授，上海吴淞口国际邮轮港副总经理

梅俊青 上海吴淞口国际邮轮港研究员

图1 打捞出来的“凤凰号”游船 **图片来源：泰国普吉民联厅**

1 导言

我国已连续多年保持全球第一大出境旅游客源国地位，2018年中国公民出境旅游人数达到1.5亿人次，中国公民出境旅游花费超过1200亿美元，2022年中国公民出境旅游人数将达到1.70亿，中国公民出境旅游花费将达到1560亿美元。在出境旅游中，游客比国内旅游更加容易受到各类风险的影响，国际旅游风险比国内旅游风险更加复杂多样。2018年9月，希腊著名旅游胜地扎金索斯岛因悬崖落石，引发巨浪，导致三条游船倾覆。2018年7月，暴风雨来袭，两艘载有中国游客的游船分别在普吉府珊瑚岛和梅通岛发生翻船事故，两艘船上共有133名游客（图1）。由于旅游安全风险防控体系不健全，旅行社和游客安全风险意识淡薄，使得本次事故造成的人员伤亡事故影响较大。建立完善的旅游风险评价体系，完善出境旅游救援体系，加强旅游安全防控体系建设对于有效保障出境游客的生命财产安全十分重要。

2 文献综述

2.1 国外旅游风险管理研究

1950年美国学者加拉格尔首次提出“风险管理”概念后，风险管理作为新的研究领域快速发展，逐步形成了一整套框架体系。1979年全美科学基金(NSF)先后通过并成立了“科技评估和风险计划”项目和组织。该项目提出了关于风险分析与管理的十个问题的框架，这个框架成为随后社会风险研究的重要依据。就研究成果的集中程度来看，国外旅游目的地风险管理研究关注较多的几个方面依次为危机事件风险、生态环境风险、健康风险等。一直以来，旅游目的地和游客都是恐怖袭击的目标之一。Ricci L.（2015）等人对气候变化引起的灾害进行研究，提出将风险适应纳入地方层面实施过程中和风险管理框架中[1]。

Koks E. E. (2015)等对不同土地类型下洪水灾害造成的损失及发生的概率进行了研究，并用GIS手段展示了洪水灾害的淹没范围和淹没深度，并提出应对洪水灾害的相应措施[2]。Akgun B. 等(2015)关注公共卫生事件所引致的旅游风险，对国际旅游遭受全球性公共卫生事件的影响进行了分析。还有一些学者致力于自然灾害导致的旅游风险[3]。Apel H. 等(2006)研究了马拉维旅游发展的性健康、生殖健康、艾滋病风险。他在经过定性、定量的调查和分析后认为，马拉维的旅游从业者处于高风险的艾滋病、性病和意外怀孕之中，应该考虑作为一个弱势群体对待[4]。

2.2 国内旅游风险管理研究

国内的研究主要集中在旅游危机的影响机制、预警机制和应对机制等方面。谢朝武、张俊、陈岩英（2018）通过研究发现，从发生频数和比例上看，在东亚地区，中国旅游者遭遇的风险事件以自然灾害和事故灾难风险事件为主[5]。在东南亚地区，社会安全风险事件最为频发，自然灾害和事故灾难的发生水平位居其次。在南亚地区，社会安全事件是旅游安全的主要风险事件。中亚和西亚地区的风险事件以社会安全事件最为常见。邹永广（2018）认为中国旅游安全政策内容的演进特征如下：旅游安全政策始终与旅游发展的阶段保持一致；地方政府旅游安全政策以国家旅游安全政策为蓝本，地方旅游安全差异性尚未突出[6]。郑向敏、邹永广（2012）认为旅游突发事件应急机制建设的根本出发点和落脚点都是为保障游客安全[7]。当然，在旅游应急机制运行中，维护游客安全是首要任务，同时还需强化游客自身抵御突发事件的能力，比如提高防范灾害的技能、安全意识以及自救能力。叶欣梁、温家洪、丁培毅(2010)提出了目的地自然灾害管理框架，该框架确立了风险识别、风险分析、风险评价、风险处理等旅游风险管理四阶段的重点工作[8]。

伴随着旅游产品的个性化、多元化发展，体育、漂流探险等特种旅游的安全问题成为学者们研究较多的方向之一。周清明、周咏松(2008)归纳出体育旅游中高风险项目的风险成因[9]。徐广海、倪怡亚(2008)认为体育旅游的安全风险类型主要有自然因素风险、人为因素风险以及技术装备因素风险，并从风险可能性、风险损失程度两方面对三类风险因素进行了评估[10]。叶欣梁、温家洪、邓贵平(2014)利用事故致因理论，分析了旅游目的地安全风险的成因，认为旅游安全事故的成因机制是不安全的旅游环境与不安全的旅游行为在同一时空的交叉相遇[11]。因此，应加强旅游安全意识教育、旅游环境及状态控制、旅游者不安全行为控制来预防旅游安全事故的发生。张振国、温家洪、李雪丽(2013)则分析了旅游安全的致险因子、致险界面以及风险后果，建立了旅游安全风险评价系统，并用图示的方法描述了系统安全评价过程[12]。

3 普吉游船事件评述

3.1 风险预警机制存在漏洞

泰国南部分属安达曼海、泰国湾两个海域，主要区别在于每年7月到9月，普吉岛所在的安达曼海域风浪相对大，而苏梅岛所在的泰国湾海域相对风平浪静。据称，本次事故发生前，当地政府发布了风浪预警，表示未来几日雷暴将覆盖普吉岛海域60%的岛屿，部分区域将遭遇暴雨，海浪最高超过2米，恶劣天气将一直持续到10日。但对于普吉官方的风浪预警，中国内地机构可能无法第一时间获取相关信息。各方面就应当提高安全意识，轮船所有者、旅游机构等都应当配合当地政府的预警和预防管理措施。普吉岛一年只有干季和湿季两个季节，当时受季风控制，容易形成对流性天气，阵雨和雷阵雨多发，预警难度大，而预警信息通常是在信息十分确切的情况下才会发布。

3.2 风险管控执行不到位

泰国游客接待量远高于其游船运力承载能力，游船管理不到位，游船的安全性有待提升，救援设备不够完善，使得游船在出现事故后难以得到良好的救援。在此次事故之前，泰国已出现多次翻船事故，2017年11月，一艘搭载16名中国游客的游船在泰国攀牙海湾翻船，1名游客轻伤；2018年6月，一艘搭载13人的游船在泰国春蓬海域触礁翻船，所幸无人员伤亡。在该次事故中，据称，涉事船只不顾气象厅警告擅自出海，船长和船主应对此事负责，并警告将采取法律行动。但也存在属地联动管理工作不及时问题，在官方发布风险预警后，这些船只仍然能出海,这说明应急监管工作可能有漏洞。属地应加强监管，禁止船只出海，而不是只是发布警告。

3.3 自由行在安全保障方面不足

目前国内旅行社自由行的保障体系逐渐健全，出国后都由当地旅行社再组团开展活动。但自由行在保险保障、实时预警和风险管理等方面仍然存在不足，只能依靠当地旅行社来进行团体管理。本次翻船事故，当地已发出天气预警,大多人仍选择出海，说明游客对风险认识不够，也说明旅游团队缺乏一个具有话语权的领队管理。

出境旅游特别是海外自助游要增强风险防范意识，警惕各类风险。首先应选择正当的旅游机构，对于管理欠规范和不规范的旅游景点和机构要提高警惕；其次要提高自身风险意识，不赴险地，不做危及人身安全的举措；再次要与外交部门保持密切联系，关注我国外交部和驻当地大使馆、领事馆发布的相关预警信息。出海游玩容易受到天气变化的影响，除外界的安全风险保障之外，游客也需要增强自身的安全意识，在进行有较大风险的旅游活动前，要密切关注各类风险预警信息，了解各类救生设备存放的位置及使用方法，熟悉救生路线以及如何自救等。

4 普吉游船事件引发的思考

其实早在2009年11月，我国国务院常务会议审议通过的《关于加快发展旅游业的意见》中就提到要“推动建立旅游紧急救援体系，完善应急处置机制，健全出境游客紧急救助机制，增强应急处置能力”。但在实际风险管理方面，依然存在“重救轻防”的现象、重视应急管理忽视风险管理、旅游地自然灾害风险管理不到位等问题，并且跨国旅游风险具有多样性的特点，需要更加注重风险管理。

4.1 国内外普遍存在“重救轻防”的现象

尽管大多数当地政府在灾难发生后能够组织积极有效的救援，如在本次事故中，发动各方提供人员和设备，合力救援，尽全力在最短时间内搜救出失踪人员。但由于过去旅游安全的工作重点是危机管理，强调危机的处置和灾难事故后的救济与恢复，轻视灾前的预防和准备，即“重救轻防”，导致在事故的救援过程中较为被动，造成的损失也较大。当前，海上搜救采取的搜救方式一般是人员目测，以及依靠声呐、红外等搜寻装备探测，而这些搜寻装备在恶劣的天气环境下，效果会大打折扣。为提升搜救效果，有必要调派大量船舶、飞机，包括专业的搜救装备、搜救人员投入搜救行动。因此，我们总是从一个灾害走向另一个灾害，很少降低灾害风险。实践也证明，灾难发生时即便是有效的响应和救援，面对的仍是一个无法挽回的损失或灾难事件，也同样造成大量的伤亡和损失，本次普吉游船倾覆事故便造成了较大的人员伤亡和损失。由此可以看到，降低伤亡，减少损失，需要从更前端的防范开始，寻找导致灾难的各类因素并且尽量消除掉，这也就是我们通常讲的风险管理。

4.2 风险管理和应急管理是不同的两种工作思路

旅游灾害风险管理是根据风险评估和对法律、政治、社会、经济等综合考虑所采取的一种风险控制措施，其目的是规避降低风险、减轻灾害影响，主要包含风险识别、风险分析、组织管理与资源调配等（图2）。风险管理寻求找出导致灾害的根

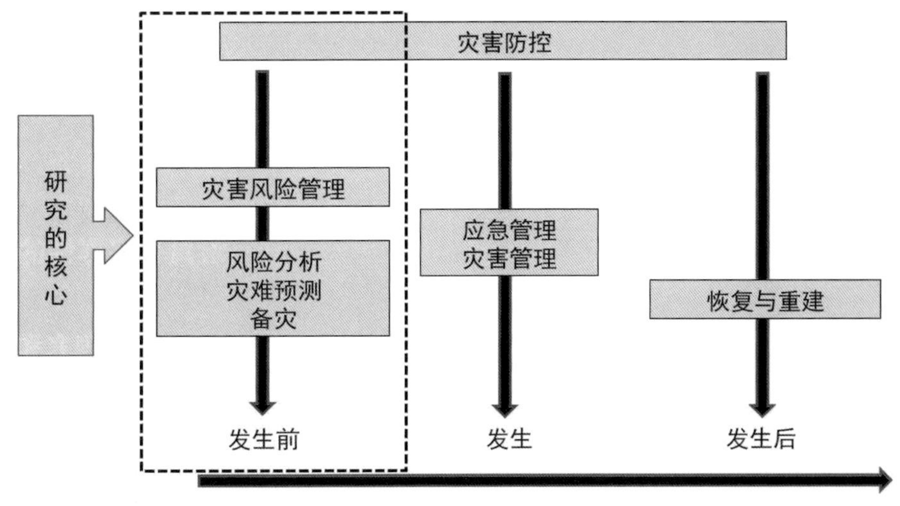

图2 灾害管理概念示意图 图片来源：作者制作

源，降低灾害对人类和经济财产造成的损失。

对于旅游目的地风险的理解主要包括三个方面，即在给定时间内有可能发生什么样的事件、发生的可能性有多大、会产生什么样的后果。例如，根据历史经验、统计方法分析或根据获得的知识和直觉，某地近期（给定时期内）有发生台风的风险，包括三个方面的理解，台风的强度，不同强度下发生的概率以及不同强度台风给当地生命财产造成的损失[13]。所以，风险是指由潜在的灾害事件或极端事件造成的负面影响或损失，它可由两个基本要素来定义：负面后果及其发生的可能性。对某类灾害风险的描述须从事件场景、发生概率或可能性以及造成的负面后果三个方面进行描述[14]，可表达为

$$Risk=\{<s_i,p_i,c_i>\}_{i\in N}$$

式中:S_i为风险场景；P_i为场景发生的概率；C_i为损失或导致的负面后果；N为事件场景集。

在本次事故中，更多的依然是旅游灾害应急管理。在实践中，管理灾害风险比管理灾害表现出更多不同的挑战。在灾害发生的情况下损失是显而易见的，而且所需做的也很清楚。

所以，风险管理是应急管理的强大动力和重要基础，它是一种更主动、更积极、更前沿的管理手段，是一项具有基础性、超前性、综合性的基础工作。除了在管理的方法、依据和决策等方面灾害危机管理和灾害风险管理存在着本质差异外，在管理过程上也存在着明显的差异，灾害危机管理集中于灾害临近或已发生时的管理，而灾害风险管理则贯穿于灾害发生发展的全过程，倡导灾前的准备,并使之纳入疏缓、准备、回应、恢复四大循环进程中。

4.3 加强旅游地自然灾害风险管理刻不容缓

在本次普吉游船倾覆事故中，两艘船17点左右返回时，载有35名中国游客的“艾莎公主”号在梅通岛附近突遇暴风雨倾覆，另外一艘“凤凰号”在珊瑚岛附近海域倾覆。据泰国《民族报》等报道，7月4日至6日泰国气象厅发布气象预警，禁止普吉海域船只出港，但涉事船只不顾气象厅警告擅自出海。

在旅游风险管理中，管理主体要识别可能导致当地发生灾难的各种危害事件，如台风、暴雨等，分析其发生的频率、强度，预估旅游目的地系统的承受能力，情景模拟发生的后果和影响，进行损失分析。在此基础上，根据游客、当地政府、旅游经营企业、当地居民四方预先的可接受风险目标，对为降低灾害风险的工程和技术手段的投入资金进行计算，对降低风险所采用的不同措施和方法的结果进行成本效益计算，在各种措施中提出最适合的政策和政策组合，继而对风险进行有效处理，使可能的损失和潜在的影响降到最低。

4.4 跨国旅游风险具有多样性的特点

跨国旅游风险由于涉及国家和地区较多，使得风险具有多样性的特点,主要涵盖自然灾害风险、安全事故风险等风险类型。在自然灾害风险方面，主要包含台风、地震、海啸以及其他自然风险，这类风险具有明显的地域性，如日本地区旅游易受地震的影响；在安全事故风险方面，主要包含游船沉船事故、道路交通事故等风险类型，如马航MH370失联事件，由于安全设施不当或游客安全意识不强造成的溺水事件，景区设施管理不善造成的高空坠物事件，游客在动物园或是野外受到动物袭击的事件等；购物安全风险主要包含强制性消费、假冒伪劣商品等风险类型，强制性消费主要是旅行社与商店进行勾结，强制游客在某些商店进行消费等；社会治安风险主要包含抢劫、绑架、群众游行、打架斗殴等风险类型，在境外旅游中，游客时常面临较多社会治安风险，以抢劫、诈骗等居多，甚至造成游客人身安全受到威胁；在公共卫生风险方面，主要涵盖食物中毒、食物过敏等风险类型，威胁游客生命安全。

5 跨国旅游风险管理展望

根据《中华人民共和国突发事件应对法》，出境旅游安全风险事件主要包含自然灾害风险事件、事故灾难风险事件、公共卫生风险事件、社会安全风险事件等类型。

5.1 旅游风险研究方向趋于多元化，研究内容待拓展

从研究内容看，社会风险、生态风险和旅游危机管理是国内外学者关注最多的领域[15]。然而，无论是国内还是国外，现有研究中有关某种特定类型的旅游风险或某次特定危机事件引发的旅游风险的分析比

较常见，以整体旅游目的地或旅游产业为视角的综合研究比较少见。其次，关于某类风险或某次风险事件的研究中，有关风险产生的原因、影响及应对措施的分析比较多，但就旅游风险对不同风险承受主体所产生的影响进行比较分析的十分少见。就旅游风险主体的风险承受力、风险控制力进行研究的成果则更是少之又少。再次，由于忽略了风险主体能力的差异性，就某类风险的防范、控制的讨论多是泛泛而谈，具有针对性的旅游风险治理途径仍有待探索。

5.2 旅游风险评价地位趋于核心化，评价方法需更新

与其他领域的风险管理研究一样，风险评价也是旅游风险研究的核心所在。大部分的旅游风险研究都注重对旅游风险的不利影响进行分析，在风险评价的基础上提出危险预警、风险控制及其他处置措施。在旅游风险的分析、评价研究中，大部分采用的是定性分析的方法。部分学者采用定量化、实证化的研究方法，根据风险特征，绘制风险曲线，取得了可靠性强、价值较高的研究成果（图3）。

但就对风险管理研究领域现有方法的继承、创新而言，旅游风险研究领域还存在很大的不足。例如，近些年来在城市自然灾害评估、公共危机预警、企业风险评估等研究中涌现的新方法——基于未确知数学的风险评价方法，在旅游风险管理研究中鲜见分析。此外，如何科学合理地评价某类旅游风险危险性，如何评估旅游风险主体能力，如何将旅游风险危险性评估与旅游风险主体能力评估进行综合对接分析，以上这些旅游风险研究中的关键问题，现有研究尚未提供有效的解决之道，仍有待于学者们进行探索、创新。

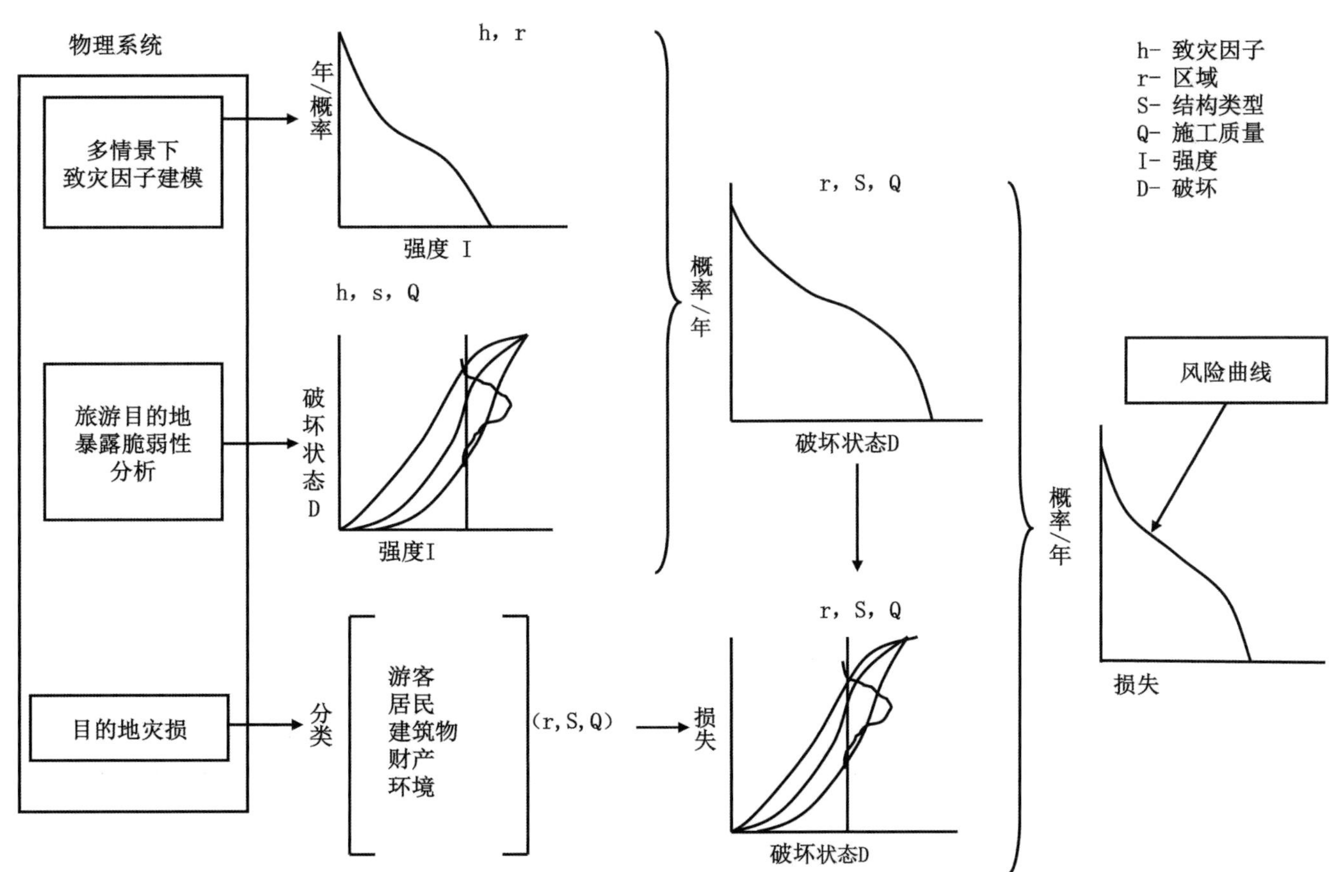

图3 旅游目的地自然灾害动态风险曲线思路　　图片来源：作者制作

5.3 加大风险识别和管理的宣传力度和国际合作

加强国与国之间旅游部门信息互认，将旅游风险信息及时相互传递。政府、学界、媒体都应该主动向社会宣传现代风险的识别和治理方法，让社会清楚现代风险的来龙去脉，树立牢固的风险意识，以警惕和从容的态度去审视和应对现代风险。采取多种形式开展旅游安全宣传教育，对出国自助游的游客做好旅游目的地安全风险提示和危急情况的应急处置教育，并鼓励广大游客购买旅游意外保险。同时，应该注意到宣传的对象应该不只是公众，对政府各级官员、各种非政府组织、媒体都要加强现代风险知识的宣传和普及。继续加强国际合作交流，引进国外先进的风险管理经验。世界发达国家对现代风险的学术研究已臻于成熟，一些国家和国际组织在应对现代风险中已逐步积累了经验。中国政府应当继续加强风险问题的国际合作交流，利用后发优势，引进吸收国外成熟的风险研究成果和管理经验。公众是现代风险的承担者，更应该是应对现代风险的决策者。对于涉及公众安全的新兴科学技术的研究投入、实际应用，应该广泛地征求民意，提高决策的民主性；对于自然灾害和传染性疾病的爆发和传播，应该及时地向公众提供准确、透明的信息。

5.4 完善跨国旅游风险的预评估、评估和管理

框架将风险治理划分为三个阶段：预评估、评估和管理。在评估阶段和管理阶段之间，有一个对风险进行描述和评价的扩展阶段[16]。预评估的目的在于确立风险治理的重点问题，分为四步：对风险分门别类，进行架构分析；识别显示风险存在的预警信号；筛选出待治理的风险问题；选择假设和程序规则来评估风险。评估的目的在于确定风险问题是否被处理及如何处理，由两个步骤组成：风险估算，用以寻找风险的来源和可能的危害，以及风险发生的可能性；利害关系的评估，通过对风险感知的研究和跨学科风险分析，补充风险估算的结果。将应急管理与风险管理有机结合，提升旅游安全风险评价的适用性与准确性。在评估中，根据风险的来源等因素来估计风险可能发生的严重程度，分为简单的、复杂的、不确定的和模糊的四类风险[17]。风险的描述和评价的目的在于判断风险的可接受性和可忍受性，可接受与可忍受代表了不同程度的风险价值判断，涉及风险与收益的社会均衡。

5.5 建立跨越国际边界、一体化治理风险管理机制

风险沟通贯穿于风险治理的各个阶段，有利于增强各群体对相互冲突的观点的忍耐性，有利于建立风险评估和管理的信任机制，为风险研究专家、相关企业家、科学家、政策制定者和公众参与风险治理奠定了基础。现代风险的全球性特点，首先要求风险治理必须跨越传统的民族国家界限。不同种类的风险在不同国家和地区中所处的位置是不一样的。比如像流行病这样的风险，不仅存在于一个国家，还会跨区域地存在于全球。因此，这种风险就不应该放在一个国家内来评估与治理，而应以全球视角来看待[18]。像洪水、泥石流等风险，可能只发生在一个国家的一个区域里，但即使是这种区域性的风险也需要全球性的联合才能得到更好的治理。世界卫生组织中国代表处代表贝汉卫认为，生物安全、生物恐怖主义和药物抗药性等，已经成为世界各国共同面临的生物性风险，国际合作是防范和应对风险的关键步骤。要形成个人、企业、非政府组织、政府协同合作的海外公民紧急救援体系，在与国际救援中心对接同时，还要通过商业保险形成商业紧急救援机制。

6 结论

作为对外界环境具有很强敏感性的服务产业，旅游业也面临着各种政治、经济、社会、生态及安全风险因素的威胁[19]。风险不再是人们通过感官可以直接感受到的直接风险，而是潜在的、无法感知的风险。由于风险的多样性、不确定性、整体性、平等性、全球性等特点，旅游风险管理必须跨越国家和地区的界限，必须跨越部门间的界限，必须跨越学科间的界限。跨国旅游风险管理的目的在于设计和贯彻旅游风险治理行动与措施，在风险评估的价值判断基础上，决定或避免或降低或转移或抑制风险的治理策略。

参考文献

[1] Ricci L. , Sanou B. , Baguian H. Climate risks in West Africa: Bobo-Dioulasso local actors' participatory risks management framework[J]. Current Opinion in Environmental Sustainability, 2015, 13: 42 – 48.

[2] Koks E. E. , Jongman B. , Husby T. G. , et al. Combining hazard, exposure and social vulnerability to provide lessons for flood risk management[J]. Enviromental Science & Police, 2015, 47: 42 – 52.

[3] Akgun B. , Gumusbuga F. , Tansel B. Risk based facility location by using fault tree analysis in disaster management[J]. Omega, 2015, 52(4): 168 – 179.

[4] Apel H. , Thieken A. H. , Merz B. et, al. A probabilistic modelling system for assessing flood risks[J]. Natural Hazards, 2006, 38(1 – 2): 79 – 100.

[5] 谢朝武，张俊，陈岩英. 中国出境旅游安全风险的区域分布研究[J]. 中国安全科学学报，2018，28(01): 155 – 160.

[6] 邹永广. 意识与应景：中国旅游安全政策演进特征研究[J]. 旅游学刊，2018，33(06): 110 – 122.

[7] 郑向敏，邹永广. 我国旅游突发事件应急机制研究[J]. 西南民族大学学报(人文社会科学版)，2012，33(01): 125 – 129.

[8] 叶欣梁，温家洪，丁培毅. 重点旅游地区自然灾害风险管理框架研究[J]. 地域研究与开发，2010，29(05): 68 – 73，78.

[9] 周清明，周咏松. 体育旅游中高风险项目的风险成因研究[J]. 成都体育学院学报，2008(08): 20 – 22.

[10] 徐广海，倪怡亚. 论体育旅游的风险及风险管理[J]. 首都体育学院学报，2008(02): 18 – 21.

[11] 叶欣梁，温家洪，邓贵平. 基于多情景的景区自然灾害风险评价方法研究——以九寨沟树正寨为例[J]. 旅游学刊，2014，29(07): 47 – 57.

[12] 张振国，温家洪，李雪丽. 面向社区的参与式灾害风险评估模型研究[J]. 灾害学，2013，28(03): 142 – 146.

[13] 同[7].

[14] 同[8].

[15] 同[9].

[16] 同[9].

[17] 詹丽，梅雪，黄蓉. 旅游目的地风险管理研究综述[J]. 旅游研究，2013，5(01): 7 – 14.

[18] 石洪凡. 论生态旅游项目风险管理[J]. 中国高新区，2017(07): 28.

[19] 同[10].

游客风险感知：基于个体—环境二元结构的分类框架

Tourist Risk Perception: A Classification Based on Individual-Environmental Dichotomy

文 / 代姗姗 魏 超 汤宝倩 许辛颖 招炜妍

【摘要】

随着旅游业迅速发展，旅游安全问题不断增多。深入分析游客风险感知，有助于更系统的旅游风险管理。本文基于个体—环境两个构面，对旅游风险的相关研究进行综述，构建了旅游风险感知类型的评估框架，以期为旅游业危机应对与可持续发展提供参考。

【关键词】

旅游风险；游客感知；风险感知分类；个体—环境二元构面

【作者简介】

代姗姗 中山大学旅游学院讲师

魏 超 中山大学旅游学院本科生

汤宝倩 中山大学旅游学院本科生

许辛颖 中山大学旅游学院本科生

招炜妍 中山大学旅游学院本科生

注：本文图片除标注外均由作者提供。

导言

近年来，我国旅游业发展迅速，2018年国内游客超过55亿人次，比上年增长10.76%；旅游总收入超5万亿元，同比增长10.5%。旅游业已成为我国经济转型发展中的重要行业。随着人们旅游次数的增多和涉足地域的扩大，旅游安全问题不断增多，旅游风险也随之而来[1]。

旅游风险是旅游者在其旅游行为中所感知到的可能发生的负面结果[2]。对旅游风险感知进行分类，是风险类属研究中的重要领域，在国内外均受到关注。已有的研究从危机的由来、危害性、可预测性、控制性、危机的影响范围，危机的持续时间和危机的成因等多方面进行了探讨[3]。最经典的研究中，吉(Gee)基于风险的可控性与风险发生的速度对风险进行了分类[4]。

现有研究聚焦于对特定旅游地的风险维度进行探讨，从游客感知的视角出发，对游客风险感知进行分类型的研究较少。本文通过对文献的梳理构建，基于个体—环境两个构面，构建了游客风险感知类型的评估框架，以期为旅游业危机应对与可持续发展提供参考。

1 文献综述

1.1 旅游风险感知概念

旅游风险感知维度也称为类型或构面，是指旅游风险感知的具体内容。风险感知维度并不是固定不变的，旅游风险感知具有多维性，是一个多构面(multifaceted)概念[5]。

前人从多方面对旅游风险感知进行了阐释，莱普(Lepp)和吉布森(Gibson)[6]认为旅游风险感知是旅游者对旅游中实际风险中可能发生事件的概率的感知，风险感知是一个主观变量。穆蒂尼奥(Moutinho))[7]将旅游风险感知定义为不确定性和结果的函数，并提出旅游风险感知来源于四个方面的不确定性：(1)产品内在的不确定性；(2)购买地点和方式的不确定性；(3)经济和社会心理结果程度的不确定性；(4)游客自身经历的主观不确定性。还有学者则将旅游风险定义为旅游者在旅途中或在旅游目的地遭受各种不幸的可能性[8, 9]。

在国内，普遍使用的定义，是从马斯洛需求层次理论出发，结合感知风险的定义，将旅游风险定义为旅游者在其旅游行为中所感知到的可能发生的负面结果[10]；旅游者对影响正常旅游活动的各种因素的心理感受和认识，以及旅游者对旅游行为发生前的心理期望与旅游行为发生的客观效果之间的偏差的一种主观评价[11]。结合上述观点，可以总结出旅游风险感知的四个特点：在旅游过程中发生的、主观的、具有不确定性、负面的。基于以上定义，本文认为旅游风险感知包括个体与环境两个层面，在个体层面，旅游风险感知是个体对自身状况与心理期望状况偏差的主观感知；在环境层面，旅游风险的产生源自旅游过程中各种环境带来的不确定性。

1.2 旅游风险感知维度

旅游风险感知在学界被划分成不同的维度。其分类标准多样，并随着旅游风险感知的研究发展不断推进。结合以往学者对此的总结[12,13]，本文将学界对旅游风险感知的维度划分以表1呈现。

表1 学界旅游风险感知维度表

作者及年份	维度
雪伦(Cheron)和里奇(Ritchie)[14]	财务风险、绩效风险、身体风险、心理风险、社会风险、时间风险
韦尔哈格(Verhage)等[15]	自尊风险、金钱风险、时间风险、健康风险和社会风险
罗伊尔(Roehl)和费森梅尔(Fesenmaier) [16]	设施设备风险、绩效风险、身体风险、心理风险、满意风险、社会风险、时间风险
朝(Tsaur)[17]	交通风险、法律和治安风险、卫生风险、住宿风险、天气风险、观光景点风险和医疗支援风险
森梅兹(Sonmez)和格雷夫(Graefe)[18]	设施风险、财务风险、健康风险、身体风险、心理风险、政治安全风险、满意风险、社会风险、恐怖主义风险、时间风险
马塞尔(Maser)和韦尔美尔(Weiermair)[19]	疾病风险、犯罪风险、自然灾害风险、卫生保健风险、交通风险、文化语言障碍风险

（续表）

作者及年份	维度
莱普和吉布森[20]	健康风险、政治安全风险、恐怖主义风险、饮食风险、文化障碍风险、宗教信仰风险、犯罪风险
多尼卡(Dolnicar)[21]	政治风险、环境风险、健康风险、计划风险、财产风险
雷辛格(Reisinger)和马瓦德(Mavondo)[22]	文化风险设施/功能风险、财务风险、健康风险、身体风险、政治风险、心理风险、满意风险、社会风险、劫机/炸弹/生化袭击、时间风险
韩(Han)[23]	健康风险、功能风险、心理风险、社会风险、恐怖主义风险、设施风险、沟通风险
博克斯伯格(Boksbergera)等[24]	财务风险、绩效风险、身体风险、心理风险、社会风险、延迟风险
章杰宽[25]	财务风险、绩效风险、身体风险、社会风险、心理风险、便利风险、设施设备风险
齐(Qi)等[26]	个人安全风险、文化风险、社会心理风险、暴力风险和社会心理风险
陈楠、乔光辉、刘力[27]	恐怖事件与战争危险、公共卫生危险、自然灾害与金融危险
坤塔尔(Quintal)等[28]	财务风险、功能风险、身体风险、心理风险、社会风险、便利风险
福克斯(Fuchs)和雷歇尔(Reichel)[29]	人为风险、财务风险、服务质量风险、社会心理风险、自然灾害和交通事故风险、食品安全问题和天气风险
樊守伟等[30]	自然风险、经济风险、社会风险、心理风险、时间风险、设施设备风险、救援风险
许晖、许守任、王睿智[31]	身体风险、功能风险、时间风险、财务风险、服务风险、社会—心理风险
李艳、严艳、贠欣[32]	自然风险、社会风险
吴国清[33]	政治动荡、恐怖主义、犯罪风险、自然灾害、文化冲突、交通风险、卫生疾病、服务质量、功能风险、财务风险

综合上述文献，在整个有关于旅游风险感知方面的研究中，往往是多学科交杂，因而旅游风险感知这个概念是多构面的，学者从多角度对旅游风险感知进行了探讨。从维度上看，学者们对风险感知维度的划分多样，标准不统一，从来源、受体等各方面都进行了分类，同时，某一大类下可能也包含不同的子类，子类有交叉，并且语句背后的含义也需要探讨。

2 理论框架构建

旅游风险感知概念的二维性决定了影响旅游风险感知的因素包括个人因素和客观因素。本研究从个体—环境两个层面对旅游风险感知进行剖析。这一分类与旅游风险感知度的定义相呼应。在个体层面，旅游风险感知包括游客对自身身体状况、心理状况、财务状况的风险感知。

2.1 个体层面风险感知

2.1.1 财务风险感知

财务风险，指购买旅游产品或服务时所花费的金钱成本超过预期时游客感受到的风险。有学者列举了六种常见的风险：一定概率的损失、可信损失的大小、预期的损失、概率分布在所有可能损失结果上的变化、线性期望值的函数，以及结果分布的方差[34, 35]。游客随时可能面临错误的购买决策的风险，担心在某项产品或者服务花费没有带给自己预期中的美好体验，这就是典型的财务风险的表现。因此，财务风险是风险感知研究中最常用的衡量指标，因为它是有形的，相对容易定义的，并且可以用实际单位来衡量。

有研究指出，消费者的任何购买行为，都可能无法预知其预期的结果是否正确，而这些结果可能使消费者不愉快[36]。所以消费者购买决策中隐含着对结果的不确定性，这种不确定性就是消费过程中风险的体现。以下提出会对这种风险产生影响的几个因素。

(1)额外支出

旅游产品消费多发生于非惯常环境，由于游客信息有限，可能产生额外的财务支出。消费者购买决策过程由五个步骤构成：确认需求、搜寻信息、方案评价、购买决策、购后行为。如果消费者要购买的产品所提供的信息越充足，这会让消费者对产品质量有一个很精确的评价（提供的信息为真），从而在搜寻信息的过程中会降低购买决策的不确定性。产品或服务的信息是影响财务风险感知的一个重要因素，并且提供的信息越充分、精确，财务风险感知越小。

(2)物非所值

旅游消费者的期望水平通常较高，期望水平越高，感知到物非所值的风险越大。“期望—实绩”模型认为顾客在购买产品和服务之前先根据过去的经历、广告宣传等途径，形成对产品或服务特征的期望，然后在购买和使用中感受产品和服务的绩效水平，最后将感知到的产品或服务绩效与期望进行比较[37]。因此，消费者对某产品购买后担心是否会不值得，很大程度上取决于他的期望水平。

(3)支付风险

随着电子商务的普及，生活节奏的加快，网络消费成为新的消费模式。支付风险是影响消费者网上购物的重要因素。近年来OTA迅速发展，旅游业中这种类型的消费也快速普及。网络消费的“先付款后交付”的形式会加重消费者对于所购买产品或服务质量的担忧。网络形式的消费会增强财务风险感知。

图1 简易的户外娱乐设施可能会带来安全隐患

2.1.2 身体风险感知

身体风险作为学者们普遍认同的风险维度之一，一直被众多学者认同和采纳。在卫生状况差、突发事件频率高的状况下，更容易引发个人健康受损、疾病滋生。本文结合各学者的观点，将身体风险定义为由于选择该旅游目的地而对游客人身安全和健康带来危害。

(1)疾病风险

多尼卡认为健康风险包括缺乏医疗救护、缺乏干净的食物和水、致命疾病[38]。这一危害可能是由缺乏获得医疗保健的有效途径、致命的疾病、缺乏干净的食物和水等引发的。

(2)意外伤害

由于在旅途中可能会遭遇某些计划之外的突发事件，从而使游客的人身安全受到伤害。直接威胁到游客的健康状况甚至引发生命危险（图1）。

2.1.3 心理风险感知

在旅游风险感知研究中，大多数学者都将心理风险划归为感知风险的一个维度。心理风险通常指“因决策失误而使顾客自我情感受到伤害的风险”[39]。博克斯伯格等[40]在对航空乘客的研究中将心理风险定义为“由于经历而导致的尴尬或丧失自尊的可能性”。除此之外，罗伊尔和费森梅尔[41]将心理风险这一维度定义为“旅游活动不能表现个性或展现自我形象的可能性”。也有学者将社会风险与心理风险统称为社会心理风险[42,43]。

消费行为学派将心理因素理解为旅游者在做出错误的旅游购买行为后对自我的认知。许晖等[44]在进行心理风险测量时，采用的测量题项为“旅游让我感到不必要的焦虑”“旅游让我感到紧张”。在本文中，为了将心理风险与其他风险区别开来，认为心理风险指的是在整个旅游行程中（包括出行前、中、后）游客对旅游行为决策的失误而使自身或他人对自己产生负面情感的可能性。心理风险包括两类。

（1）情感风险

罗伊尔等[45]和森梅兹等[46]指出：在旅行中，旅行者对旅行的期望水平会影响旅行者满意度，即满意度不能够达到心理上的预期而导致情绪和情感上的不满和遗憾。因此心理风险的感知与期望水平是有关的，并且期望水平越高，对心理风险的感知会越强。

（2）自尊风险

福克斯和雷歇尔[47]以及博克斯伯格等[48]提出：心理风险包含了经历导致的尴尬或丧失自尊的可能，即旅行者在过去的经历会影响到对旅游风险的感知，同时也包括了对即将到来的旅行经历会使自身产生尴尬和丧失自尊的可能。如果过往经历非常令人尴尬，则旅行者会更加担忧此次旅行产生心理风险。

图2 旅途中的文化差异无处不在（泰国清迈白庙） 徐露萍/摄

2.2 社会环境风险感知

在旅游感知风险的研究当中，已有的研究中已经提出了与社会文化环境相关的风险。文化风险是指旅游者前往目的地可能与自身文化认知发生冲突的风险，包括语言障碍风险、宗教信仰风险、文化习俗风险、沟通风险。

（1）语言障碍

马塞尔和韦尔美尔[49]提出：目的地的语言障碍会限制旅行者在旅行途中获得信息，在国际旅游中，语言是一项至关重要的因素，因为语言不通会导致沟通障碍。在中国，各类方言和少数民族语言也可能会使得游客因为文字和沟通的原因而错失和遗漏某些重要的信息。语言障碍越大，文化风险的感知则越明显。

（2）习俗差异

文化风险指旅游者对目的地的习俗文化不了解，触犯当地禁忌或是目的地文化让自己感到不适的风险[50,51]。对目的地的习俗越陌生，则越可能做出有违当地习俗的行为，也越可能难以接受当地的习俗。

（3）宗教问题

宗教信仰风险指旅游者对目的地的宗教文化不了解，触犯宗教禁忌或让自己感到不适的风险[52]，是游客对宗教文化不了解而导致的一种风险。宗教的障碍也是产生文化风险感知的重要因素（图2）。

（4）恐怖袭击

旅行者很容易成为恐怖分子的袭击目标，同时广泛的媒体报道和多国政府针对恐怖分子的政策，促使恐怖分子更多地将旅游者作为袭击目标，从而引发旅游业的危机，增大人们的旅游风险[53]。

（5）治安风险

旅游与犯罪、社会不稳定也有着不可分割的关系，暴力犯罪与针对财产的犯罪和抢劫等一系列社会不稳定因素都影响着游客对当地旅游的认识，左右着游客旅游的旅游风险感知[54]。

（6）政治风险

学界对政治风险的研究始于20世纪60~70年代，首先兴起于西方资本主义国家，早期的政治风险是指：一个国家的政治决策或事件将以某种方式影响商业气候，导致投资者赚不到预期那么多的钱，甚至损失金钱[55]，或者是指某一国际项目或企业的设定经营结果（收入、利润、市场份额、经营的连续性等）可能出现源于东道国政治、政策、外汇制度的不稳定性的非市场不确定变化[56]。在旅游中，政治风险指因国际势力、国家之间的冲突，或因政策、制度的变革与权力的交替等政治不稳定因素，造成旅游者损失的风险。

（7）医疗救护风险

医疗救护风险，指旅游者在旅途中出现健康问题而无法得到及时有效救治的风险。在关于旅游安全的实证研究中，有学者将出行前的保健准备分为四个级别：没有准备、自我预防、家庭医生咨询、医疗专家咨询。但是调查发现，1.6%和83.5%的游客属于第一和第二级别[57]。这说明大部分游客对自身安全的救护和预防措施并不重视，当他们一旦遭遇某些突发事件而引起人身安全受损甚至危及生命时，所能依赖的只有旅游目的地的医疗设施。

2.3 自然环境风险感知

（1）自然灾害

自然灾害风险是由自然事件或力量为主因导致的未来不利事件情景[58]，是由自然灾害系统自身演化而导致未来损失的不确定性。《国家自然灾害救助应急预案》（2016年修订）指出，自然灾害是给人类生存带来危害或损害人类生活环境的自然现象，包括洪涝灾害、台风等气象灾害，火山、地震、山体崩塌等地质灾害，风暴潮等海洋灾害，森林草原火灾等。总体而言，自然灾害涵盖了大气圈、地壳圈和生物圈可能发生的灾害。自然灾害风险由孕灾环境、致灾因子和承灾体所组成的系统演化后的结果，风险暗含未来性、不利性和不确定性。

国际上大多的旅游地地处偏远地区或赤道附近的地壳板块交汇地区，地质构造复杂，地震地质灾害的发生频率最高。洪水是自然灾害中较为普遍的常发性灾害，其类型主要有春季升温型洪水、夏季暴雨型洪水、冰川阻塞型洪水和水库垮坝型洪水等均会对旅游业的正常开展产生影响（图3）。

（2）气候差异

旅游是一个从惯常环境到非惯常环境的过程，涉及地理空间的转换。而跨越地理区位很容易引发因气候差异所导致的水土不服现象，游客感染疾病的可能性也迅速攀升。有学者总结了从1961~2006年我国气候变化趋势与突变的区域差异[59]，研究中着重提到气温的变化和不同地域的气候差异。温度变化的趋势十分难以捉摸规律，而高原、平原、丘陵、滨海等不同地貌特征的区域也具备不同的气候特点。例如高原地区含氧量较低，紫外线过高，昼夜温差变化大（图4）。

2.4 旅游环境风险感知

旅游环境风险指旅行过程中，由于旅游相关设施包括交通设施、目的地配套服务设施、游乐设备设施、住宿设施等一系列设施出现问题的可能性。旅游环境的质量和数量可能导致旅游环境风险产生。旅游环境，包括餐饮、住宿、交通、景区、购物和娱

图3 湍流威胁道路安全

图4 高原地区气候差异明显　　王会龙/摄

乐设施六大类。因此，本文将旅游者设施风险感知维度划分为住宿风险感知、购物风险感知、餐饮风险感知、娱乐风险感知、游览风险感知和交通风险感知六大类。

有关于旅游环境风险的国内外文献不多，并且一般在整体旅游风险研究中进行探讨。在前人的研究中，多使用“设施风险”这一概念。设施风险指旅行中设备设施等的安全性引起的风险[60]；如各种设施设备（如交通接驳设施、住宿游览设备、游乐游玩设施等）（图5）发生机械故障的可能性，以及由旅游设施的不可用性带来心理预期损失的可能性。许晖等[61]使用了“旅游目的地缺乏服务配套设施”“旅游设施存在安全隐患”“旅游设备和机械可能发生故障”“旅游目的地基础设施差，交通不便”“旅途中或旅游目的地通信信号不好”“宾馆缺乏必要的安全设施”等测量旅游设施风险。

3 个体特征与游客风险感知

认知心理学者关注旅游者对于旅游过程中可能发生的消极后果或负面影响的主观感受，旅游风险感知水平显著地受到游客的生理特征和心理过程（如注意力、知觉、表象、记忆力、思维能力和语言能力等）的影响。目前，影响旅游风险感知的主观因素大体上可以分为两类，即人口统计变量和个人认知能力。前

图5 深圳欢乐谷　欧阳勇/摄

者包括年龄、性别、教育经历、学科背景、社会地位、地理环境、文化水平、经济收入、社会经验等；后者侧重气质、性格、情感、世界观、价值观、认知与元认知、超感知觉等。本文认为影响游客旅游风险感知的主观因素主要包括旅游经历、风险偏好、心理承受能力、对旅游地的熟悉程度以及社会规范影响。

综上所述，整体旅游风险感知可以从个体—环境的二元结构角度定义，个体层面的风险包括财务风险、身体风险和心理风险；环境层面的风险包括旅游环境风险、社会环境风险和自然环境风险。另外，旅游者自身的个人因素也会对整体的风险感知产生重要的影响。结合前文所述，构建出旅游风险感知的基本框架（图6）。

4 结论与讨论

尽管目前国际上对于旅游风险感知的研究已经较多，且将旅游风险感知划分出了多个维度，但是缺乏旅游风险感知类属的系统梳理。随着中国经济的快速发展，人民生活水平的提高，中国游客将在世界旅游市场中占据更大的比重，所以了解中国游客对于旅游风险的感知及其影响机制显得尤为必要。

通过对文献的梳理，本文首先从个体—环境两个层面，共同构建了旅游风险感知理论框架。在个体层面，包括三个风险维度——财务风险、身体风险、心理风险。环境层面，包括社会环境、自然环境和旅游环境三方面的风险。个人因素会影响游客风险感知，包括旅游经历、风险偏好、心理承受能力、对旅游和旅游地的熟悉度、社会规范。

本框架的贡献主要体现在以下几点：(1)强化游客个体与旅游目的地的交互。游客所感知的旅游风险并不能只关注其自身风险偏好、规避风险等心理或行为特征，也要密切关注目的地对游客来说哪些方面更容易引发安全问题；(2)对于某个具体的目的地，衡量其旅游风险更具适用性和可操作性。环境层面的风险实际上把游客所关注的关于旅游地的问题大部分都纳入考虑，在测量其风险感知时更具备可操作性；(3)指导目的地构建安全的旅游环境，降低游客的旅游风险感知。本文基于二元结构提出的风险感知框架，有利于旅游地在规划建设旅游设施时更全面地考虑旅游安全问题，从而减轻游客的担忧。

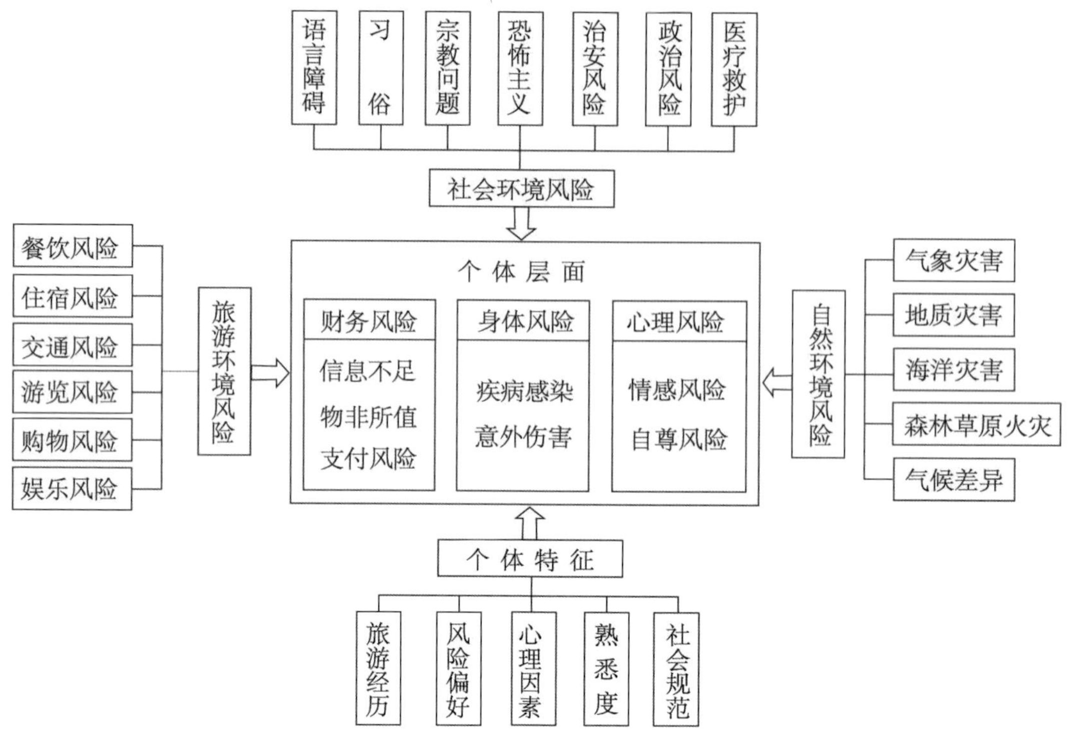

图6 旅游风险感知个体—环境二元构面框架

参考文献

[1] 程德年，周永博，魏向东，等. 基于负面 IPA 的入境游客对华环境风险感知研究[J]. 旅游学刊，2015，30(1)：54-62.

[2] 李静，吴必虎. 雾霾对来京旅游者风险感知及旅游体验的影响——基于结构方程模型的中外旅游者对比研究[J]. 旅游学刊，2015，30(10).

[3] 李锋. 目的地旅游危机管理：机制、评估与控制[M]. 北京：中国经济出版社，2010.

[4] Gee C Y, Gain C. Coping with crises[J]. Travel & Tourism Analyst, 1986, 72(19): 56.

[5] 吴国清. 城市居民出境旅游风险感知维度选划——以上海市为例[J]. 地域研究与开发，2017(01)：109-114.

[6] Lepp A, Gibson H. Tourist roles, perceived risk and international tourism[J]. Annals of Tourism Research, 2003, 30(3): 606-624.

[7] Moutinho L. Consumer behaviour in tourism [J]. European Journal of Marketing, 1987, 21(10): 5-44.

[8] WangGC T S T. The application of AHP and fuzzy MCDM on the evaluation study of tourist risk [J]. Annals of Tourism Research, 1997, 24(4): 796-812.

[9] Hung K K C, Lin A K Y, Cheng C K Y, et al. Travel health risk perceptions and preparations among travelers at Hong Kong International Airport [J]. Journal of Travel Medicine, 2014, 21(4): 288-291.

[10] 陈楠，乔光辉，刘力. 出境游客的旅游风险感知及旅游偏好关联研究——以北京游客为例[J]. 人文地理，2009(06)：97-102.

[11] 章杰宽. 国内旅游者西藏旅游风险认知研究[J]. 四川师范大学学报(社会科学版)，2009，36(06)：111-118.

[12] 同[5].

[13] 许晖，许守任，王睿智. 消费者旅游感知风险维度识别及差异分析[J]. 旅游学刊，2013，28(12)：71-80.

[14] Cheron E J, Ritchie JRB. Leisure activities and perceived risk[J]. Journal of Leisure Research, 1982, 14(2): 139 -154.

[15] Verhage B J, Yavas U, Green R T. Perceived risk: a cross-cultural phenomenon?[J] International Journal of Research in Marketing, 1990, 7(4): 297-303.

[16] Roehl W S, Fesenmaier DR. Risk perceptions and pleasure travel: An exploratory analysis[J]. Journal of Travel Research, 1992, 30(4): 17-26.

[17] Tsaur SH. Evaluating tourist risks from fuzzy perspectives[J]. Annals of Tourism Research, 1997, 24(4): 796-812.

[18] Sonmez S F, Graefe AR. Influence of terrorism risk on foreign tourism decisions[J]. Annals of Tourism Research, 1998, 25(1): 112 - 144.

[19] Maser B, Weiermair K. Travel decision-making: From the vantage point of perceived risk and information preferences [J]. Journal of Travel & Tourism Marketing, 1998, 7 (4): 107–121.

[20] 同 [6].

[21] Dolnicar S. Understanding barriers to leisure travel: Tourist fears as a marketing basis [J]. Journal of Vacation Marketing, 2005, 11 (3): 197–208.

[22] Reisinger Y, Mavondo F. Travel anxiety and intentions to travel internationally: Implications of travel risk perception [J]. Journal of Travel Research, 2005, 43 (3): 212–225.

[23] Han J Y. The Relationships of Perceived Risk to Personal Factors, Knowledge of Destination, and Travel Purchase Decisions in International Leisure Travel [D]. Blacksburg: Virginia Polytechnic Institute and State University, 2005.

[24] Boksbergera P E, Biegerb T, Laesserb C. Multidimensional analysis of perceived risk in commercial air travel [J]. Journal of Air Transport Management, 2007, 13 (2): 90–99.

[25] 同 [11].

[26] Qi C X, Gibson H J, Zhang J J. Perceptions of risk and travel intentions: The case of China and the Beijing Olympic Games [J]. Journal of Sport&Tourism, 2009, 14 (1): 43 –67.

[27] 同 [10].

[28] Quintal V A, Lee J A, Soutar G N. Risk, uncertainty and the theory of planned behavior: A tourism example [J]. Tourism Management, 2010, 31 (6): 797–805.

[29] Fuchs G, Reichel A. An exploratory inquiry into destination risk perceptions and risk reduction strategies of first time vs. Repeat visitors to a highly volatile destination [J]. Tourism Management, 2011, 32 (2): 266–276.

[30] 樊守伟，严艳，张少杰. 背包客秦岭山地旅游感知风险研究 [J]. 河南科学，2013，31 (8): 1322–1327.

[31] 同 [13].

[32] 李艳，严艳，贠欣. 赴西藏旅游风险感知研究——基于风险放大效应理论模型 [J]. 地域研究与开发，2014，33 (03): 97–101.

[33] 同 [5].

[34] 同 [11].

[35] 同 [28].

[36] Oliver R L. A cognitive model of the antecedents and consequences of satisfaction decision [J]. Journal of Marketing Research, 1980: 460–469.

[37] 同 [36].

[38] 同 [21].

[39] 同 [7].

[40] 同 [24].

[41] 同 [16].

[42] 同 [26].

[43] 同 [29].

[44] 同 [13].

[45] 同 [16].

[46] 同 [18].

[47] 同 [29].

[48] 同 [24].

[49] 同 [19].

[50] 同 [14].

[51] 同 [28].

[52] 同 [6].

[53] 同 [10].

[54] 同 [18].

[55] 同 [18].

[56] 同 [6].

[57] 同 [9].

[58] 黄崇福，刘安林，王野. 灾害风险基本定义的探讨 [J]. 自然灾害学报，2010，19 (06): 8–16.

[59] 尹云鹤，吴绍洪，陈刚. 1961—2006年我国气候变化趋势与突变的区域差异 [J]. 自然资源学报，2009，24 (12): 2147–2157.

[60] 同 [30].

[61] 同 [13].

山地探险旅游者个性与安全意识影响效应

Mountain Explorers' Personalities and Influential Effects of Their Safety Awareness

文 / 幸 运 张 俊 刘 勇 程 励

【摘 要】

山地探险是一种高风险的旅游活动，对山地探险旅游者个性与安全意识之间微观影响机制的揭示具有重要的学术价值。本研究运用基于偏最小二乘法的结构方程模型探讨了山地探险旅游者个性对其安全意识的影响。研究显示山地探险旅游者个性正向影响其安全观念及风险防范意识，其中决断力、意志力、自我认知能力显著正向影响安全观念及风险防范意识，同时安全观念及风险防范意识显著正向影响其探险决策，在此基础上提出了山地探险旅游者安全风险管理对策。本文对深化山地探险旅游行为的研究具有参考价值。

【关键词】

山地探险旅游；探险者个性；安全意识；探险决策

【作者简介】

幸 运 电子科技大学成都学院助理研究员

张 俊 四川大学灾后重建与管理学院博士研究生

刘 勇 四川旅游学院运动与休闲学院副教授

程 励 通讯作者，四川大学旅游学院教授、博士生导师

1 导言

由于人们生活水平的提高和装备技术的提升，山地探险不再是少数“勇敢者”挑战的专属乐园，它已经转变为更多普通游客可以参与体验的新型旅游活动。目前山地探险作为一种典型的户外旅游活动，越来越受到大众游客的喜爱，未来会成为我国旅游产业发展的新业态，对推动旅游经济增长具有一定作用。在学术界，国内外关于探险旅游的研究大多围绕探险运动的发展与开发、安全与救援、体验与行为倾向展开，但对探险旅游者个性行为及微观机制的研究则非常鲜见。因而，如何基于微观层面对山地探险旅游的实证探讨理应受到国内外学界的重视。

2 文献综述与假设发展

旅游者个性大体包括态度[1,2]、性别[3]、个性特征[4]、个性需求[5]和行为决策[6]等要素。追求个性是探险旅游者具备的典型特质[7-9]，也是山地探险旅游者自身经过长期发展形成的较为稳定的心理特征，个性因素作为心理机制会影响探险决策[10]。探险者独特的个性特征促使他们参加探险活动，以满足其新奇刺激、自主导向及自我超越等内在需求[11]（图1）。Lee等[12]研究发现探险旅游者的态度对探险行为产生显著正向影响，探险旅游者个性特点对探险态度产生显著正向影响。Lepp等[13]认为刺激寻求（Senasion seeking，简称SS）是与尝新和刺激的需求有关的个性特征，并且与旅游者行为紧密联系。Galloway和Lopez[14]发现，刺激寻求者更倾向于选择前往偏远的地区进行探险活动，因为这些地区可以为他们提供有挑战性的探险活动机会，或与有意思的人和潜在野生动物偶遇的危险刺激感（图2）。Holland-Smith等[15]指出男性和女性在对冒险的态度和倾向方面存在差异。李纯和许春晓[16]认为外向性人格特质对漂流满意度的影响最大，神经质和严谨性因子与体验满意度各因子均存在较强的相关性。何文斌[17]指出人格特质与影响漂流满意度的因子具有相关性。杜春玲[18]发现影响滑雪游客体验的因素包含滑雪者的个人因素，如性别、性格、学历、滑雪预算、滑雪技术、滑雪次数、滑雪动机和滑雪期望。

Heggie[19]指出山地探险活动是一种风险系数极高的旅游活动，需要参与探险活动的游客具备较高的安全意识。Mu和Nepal等[20]考查了探险旅游者对山地探险中高山探险的风险和死亡感知，对专业登山家和夏尔巴人攀登珠峰大本营的实际

图1 攀登雪山 **刘勇/摄**

图2 可可西里 **王会龙/摄**

图3 攀岩 刘勇/摄

经验进行分析，结果显示，探险旅游者会意识到登山和徒步旅行存在风险差异并对登山者所冒风险进行说明，但当自己去参与体验时仍感恐惧和有情绪上的困扰，一般探险旅行者比夏尔巴登山者对风险拥有更高的崇敬度。Pedersen[21]通过研究282名男性和162名女性探险旅游者，分析得出探险旅游项目感知风险的上升顺序为滑雪、水肺潜水、蹦极、攀岩、摩托车比赛、悬挂式滑翔、悬崖跳水和跳伞，并进一步分析了各个项目的参与可能性与吸引力直接相关，与感知风险成反比（图3）。旅游者个性与安全意识是否存在相应的关联机制，目前学界尚缺乏相应的学术探讨。Dhondt和Vandewiele[22]认为青少年对旅行与探险的认知会影响其对探险旅行的参与。Burns[23]同样对青少年参与探险活动的行为进行了研究，并认为风险偏好影响其对探险旅游的选择。Tok[24]认为高风险运动参与者具有较高的外向性和经验开放性，以及较低的风险意识。山地探险旅游者个性是山地探险旅游者个人长期发展和形成的比较稳定的心理特征，这种心理特点包括个人中心，自信，决断力、意志力、自我认知能力，兴奋与冒险寻求，这些个性特点对他们参与山地探险活动的安全意识强弱产生直接影响[25-27]。同时，山地探险旅游者的安全观念及风险意识与旅游者个性存在密切的影响。基于上述探讨，本文提出了8种研究假设，具体如下：

H1：个人中心个性特点显著正向影响其安全意识

H2：自信个性特点显著正向影响其安全意识

H3：决断力、意志力、自我认知能力个性特点显著正向影响其安全意识

H4：兴奋与冒险寻求个性特点显著正向影响其安全意识

H5：安全意识显著正向影响其倾向计划探险决策

H6：安全意识显著正向影响其倾向不确定性探险决策

H7：安全意识显著正向影响其山地探险旅游重游意愿及推荐度

H8：个性特点显著正向影响其探险决策

表1 探险旅游者个性测量指标

潜变量	观测变量
个人中心	A1 别人很难阻止我已经决定好要参加的山地探险活动
	A2 就山地探险来说，我觉得没必要跟我不喜欢的人交流或示好
	A3 就山地探险来说，我不在乎外界对我的看法，我清楚自己是什么样的人就好
	A4 就山地探险来说，我会专注自己的事情并做出判断，不受外界影响
自信	B1 我觉得自己有足够的能力去完成探险带来的挑战
	B2 我相信自己能对探险中的未知状况做出正确判断
	B3 我相信自己有良好的精神状态完成山地探险活动
决断力 意志力 自我认知能力	C1 山地探险过程中，我是一个面对问题能冷静思考快速做出决断的人
	C2 山地探险过程中，我认为正确的决断能够影响个人甚至团队
	C3 山地探险过程中，我认为需要临时做出决断时应有人勇敢站出来
	D1 山地探险过程中，我的内心足够强大
	D2 山地探险过程中，意志力的支撑作用非常强大
	D3 意志力强大与否和是否能完成山地探险并获得成功紧密联系
	E1 我懂得如何评估自己的山地探险能力，不会盲目自信
	E2 在探险团队里，我知道自己能够胜任什么工作
	E3 山地探险过程中，我可以控制好自己的情绪和言行
	E4 山地探险过程中，我只会做力所能及的事情，不会强出风头
兴奋与冒险寻求	M1 我想探索新奇的地方
	M2 当我在家里待太久时，我感到焦躁不安
	M3 我喜欢做让人惊恐的事情
	M4 我喜欢狂热的派对
	M5 我想在没有预先规划的路线或没有预先计划好时间安排的情况下开启旅程
	M6 我喜欢那些令人兴奋的不可预测的朋友
	M7 我想尝试/喜欢蹦极
	M8 即使是非法的，我也想拥有全新的和令人兴奋的体验
安全观念及 风险防范意识 （安全意识）	J1 参加探险旅游的前提是安全
	J2 探险旅游过程中始终安全第一，不刻意追求危险和挑战
	J3 在参加山地探险旅游前，我会去了解学习探险知识和技能
	K1 出发之前我会考虑行程中可能出现的意外风险
	K2 出发之前，我会检查自己的身体状况、装备状况
	K3 我会谨慎对待和处理行程中出现的意外风险
	K4 我之前的探险经历让我获得很多有用的经验

3 研究设计

3.1 研究方法

本文主要采用SPSS统计分析工具和结构方程模型进行数据分析，首先对调研问卷数据进行不同潜在变量间的主成分多元分析，进一步采用具有小样本优势的偏最小二乘法（Partial Least Square，PLS）的结构方程模型（Structural Equation Modeling，SEM）进行微观机制的实证。PLS路径分析方法是将多元回归分析、主成分分析和典型相关分析等结合起来的因果建模方法。

3.2 问卷与实证区域

本研究在相关文献的基础上，设计山地探险旅游者个性与安全意识量表。同时，本研究借鉴简明感觉寻求量表（Brief Sensation Seeking Scale，BSSS），提取兴奋与冒险寻求维度、厌倦敏感性维度8个题项，测量旅游者个体的感觉寻求特质。本研究采用李克特5分量表法，将探险旅游者个性的观测变量设置如表1所示。本研究以四姑娘山景区、贡嘎雪山、牛背山、四人同山等地为案例地，分别进行了预调研和正式调研，并对问卷变量进行修正和完善。

3.3 调研与样本

正式研究时间为2017年9月15日至2018年1月19日，共发放问卷408份，收集有效问卷383份，有效问卷率达到93.87%（样本人口统计特征如表2）。

4 研究结果

4.1 山地探险旅游者个性的因子分析

表3报告了样本的可信度和KMO值，显示Cronbach’s alpha为0.908，说明问卷测量项目的内部一致性程度极高。KMO值为0. 913，Bartlett’s球形检验值为4895.268，通过0.001水平的显著水平检验，说明本研究的因子分析效果较好。

4.2 山地探险旅游者个性对其安全意识的影响

由因子分析结果可知，各观测变量的标准化因子载荷最小值为M8，小于0.5。删除M8后各个观测变量的标准因子载荷最小值为0.659>0.5（表4），说明本研究中各个观测变量对潜变量具有较好的收敛效度。

本研究运用SmartPLS 2.0软件中的Bootstrapping方法检验路径系数的显著水平，由表5可以看出，“决断力、意志力、自我认知能力”个性特点对山地探险旅游者的安全观念及风险防范意识具有显著正向影响，“个人中心”“自信”“兴奋与冒险寻求”个性特点对山地探险旅游者的安全观念及风险防范意识具有正向影响，但是不具有显著正向影响；“安全观念及风险防范意识”对山地探险旅游者倾向计划的探险决策具有显著正向影响，对山地探险旅游者倾向不确定性的探险决策具有正向影响但不具有显著正向影响，对山地探险旅游者再次参加山地探险旅游活动及推荐山地探险旅游活动具有显著正向影响（表5）。

表2 山地探险旅游者的人口统计学特征（N=383）

项目	内容	频率（次）	比例（%）
性别	男	228	59.53
	女	155	40.47
年龄	18~25岁	175	45.69
	26~35岁	141	36.81
	36~45岁	50	13.05
	46~60岁	16	4.18
	60岁以上	1	0.26
婚姻状况	已婚	114	29.77
	未婚	260	67.89
	离异	6	1.57
	其他	3	0.78
月收入	2000元及以下	96	25.07
	2001~5000元	106	27.68
	5001~8000元	91	23.76
	8001~10000元	47	12.27
	10001~20000元	28	7.31
	20000元以上	15	3.92
职业	学生	136	35.51
	政府工作人员	11	2.87
	教师	27	7.05
	企事业单位员工（除教师外）	97	25.33
	私营业主	15	3.92
	自由职业者	41	10.70
	离退休人员	2	0.52
	家庭主妇	4	1.04
	农民	3	0.78
	其他	47	12.27
受教育程度	小学/初中	4	1.04
	高中/中专	20	5.22
	大专	69	18.02
	本科	208	54.31
	硕士及以上	82	21.41

表3 可靠性统计，KMO值和Bartlett's球形检验（N=383）

测量项目	测量内容		数值
个性特点	Cronbach's alpha（克朗巴哈系数）（25项）		0.908
	KMO样本测度		0.913
	Bartlett's球形检验	卡方检验	4895.268
		自由度	300
		显著性水平	0.000

表4 收敛效度检验统计表

潜变量	观测变量	因子载荷	T值	AVE	组合信度（CR）	Cronbach's alpha（克朗巴哈系数）
个人中心	A1	0.812↑	35.411		0.810↑	0.654↑
	A2	0.659↑	12.389			
	A3	0.821↑	23.906			
自信	B1	0.826	38.697	0.704	0.905	0.860
	B2	0.847	41.478			
	B3	0.849	44.026			
	C1	0.835	40.562			
决断力、意志力、自我认知能力	C2	0.676	17.156	0.565	0.912	0.890
	C3	0.699	14.227			
	D2	0.802	28.529			
	D3	0.769	24.230			
	E1	0.786	28.842			
	E2	0.777	29.503			
	E3	0.750	24.527			
	E4	0.746	22.951			
兴奋与冒险寻求	M3	0.707	20.789	0.631	0.895	0.855
	M4	0.806	33.525			
	M5	0.825	42.819			
	M6	0.839	46.691			
	M7	0.789	36.359			

路径系数表明，“个人中心”“自信”“决断力、意志力、自我认知能力”和“兴奋与冒险寻求”四个个性特点均对“安全观念及风险防范意识”呈现直接、正向相关关系，影响关系路径系数分别为0.042、0.042、0.635、0.041，对应的检验T值分别为0.412、0.367、5.687、0.428，其中“决断力、意志力、自我认知能力”个性特点在0.01的显著性水平下对其正向影响关系显著成立。这说明，“决断力、意志力、自我认知能力”个性特点是其最主要的影响因素，影响效用达0.635，其他个性因素影响总效用仅为0.125，可以忽略不计。这反映出“决断力、意志力和自我认知能力”个性特点最突出地影响了他们进行山地探险活动的安全观念及风险防范意识。山地探险旅游者在对自身探险能力进行评估时，将根据自我评估情况更加注重探险安全和风险防范。而山地探险旅游者是否具有较强的以个人为中心的特点以及是否具有较强的自信心和兴奋与冒险寻求则对其进行山地探险旅游活动的安全意识不具有太大影响。

“个人中心”个性特点在0.01的显著性水平下对“倾向计划”探险决策的正向影响关系显著成立，影响关系路径系数为0.042，对应的检验T值为26.579，这反映出具有典型的以个人为中心特点的探险旅游者倾向于做出充分的探险计划；“兴奋与冒险寻求”个性特点在0.01的显著性水平下对“再次参加山地探险活动及山地探险旅游推荐度”探险决策的正向影响关系显著成立，影响关系路径系数为0.447，对应的检验T

表5 模型的路径假设检验表（N=383）

原路径假设	路径系数	T 值	结论
H1 个人中心个性特点显著正向影响其安全意识	0.042	0.412	拒绝
H2 自信个性特点显著正向影响其安全意识	0.042	0.367	拒绝
H3 决断力、意志力、自我认知能力个性特点显著正向影响其安全意识	0.635	5.687***	支持
H4 兴奋与冒险寻求个性特点显著正向影响其安全意识	0.041	0.428	拒绝
H5 安全意识显著正向影响其倾向计划探险决策	0.351	2.885***	支持
H6 安全意识显著正向影响其倾向不确定性探险决策	0.263	2.065***	支持
H7 安全意识显著正向影响其山地探险旅游重游意愿及推荐度	0.287	2.570***	支持
H8a 个人中心个性特点显著正向影响倾向计划探险决策	0.042	26.579***	支持
H8b 兴奋与冒险寻求个性特点显著正向影响倾向不确定性探险决策	-0.261	2.980***	拒绝
H8c 兴奋与冒险寻求个性特点显著正向影响山地探险旅游者再次参加山地探险旅游及山地探险旅游推荐度	0.447	5.999***	支持

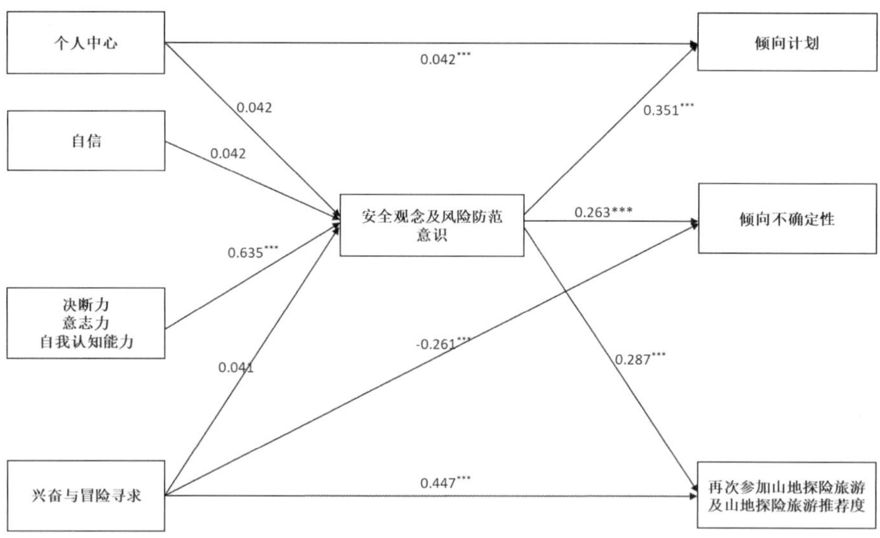

图4 假设模型路径检验

值为5.999。这反映出具有兴奋与冒险寻求个性特点的探险者乐于将探险活动推荐和分享给身边的人，他们热爱探险活动，寻求探险活动中的冒险和刺激，他们也愿意将这份经历分享给别人（图4）。

“安全观念及风险防范意识”在0.01的显著性水平下对“倾向计划”“倾向不确定性”“再次参加山地探险活动及山地探险旅游推荐度”所有探险决策的正向影响关系显著成立，影响关系路径系数分别为0.351、0.263和0.287，对应的检验T值分别为2.885、2.065和2.570。这反映出山地探险旅游者的安全观念和对风险的防范意识直接正向影响了他们在参加山地探险活动时的探险决策。如果山地探险旅游者具有较强的安全观念及风险防范意识，他们参加山地探险活动时可能遇到的各种风险和意外情况更容易在自己的掌控范围内，或者他们会提前做出应对策略，参加山地探险活动会更加安心和放心，因此，他们倾向于再次参加山地探险旅游活动，同时也更倾向于把这种探险活动推荐给他人。

5 结论和建议

5.1 研究结论

本文运用因子分析和结构方程模型验证山地探险旅游者个性与安全意识的影响机制，研究结果表明：

山地探险旅游者“决断力、意志力、自我认知能力”个性特点显著正向影响其参与山地探险活动的安全观念及风险防范意识，说明山地探险旅游者“决断力、意志力、自我认知能力”个性特点对山地探险旅游者参与山地探险旅游活动的安全意识呈现显著正向影响。山地探险旅游者的探险能力对其安全观念及风险防范意识具有非常强烈的影响效用，且探险能力越强的山地探险旅游者的安全观念及风险防范意识越强烈。探险能力较强的山地探险旅游者在参加山地探险旅游前会更多了解和学习探险知识及技能，出发前也会尽量考虑行程中可能出现的意外风险并检查自己的身体装备情况，谨慎对待和处理意外风险。

“安全观念及风险防范意识”显著正向影响“倾向计划”探险决策（影响效用为0.351）、“倾向不确定性”探险决策（影响效用为0.263）和“再次参加山地探险旅游及山地探险旅游推荐度”（影响效用为0.287）。可见，具有较强安全观念及风险防范意识行为的山地探险旅游者往往会在参加山地探险活动前做出详细的计划，甚至会准备多个备用方案以备不时之需，考虑到山地探险未知的突发问题，他们的行前准备总是非常充分。所以他们在参加山地探险活动时探险事故及意外发生率会相对较低，他们具有更多自主掌控力。同时他们乐于享受探险过程中的惊喜和不确定，这样的山地探险活动会给他们带来更多美好的体验和享受，因此他们乐于再次参加山地探险旅游并把山地探险旅游推荐给亲朋好友（图5）。针对具有较强安全观念及风险防范意识的山地探险旅游者，相关人员可以重点进行开发，因为他们是山地探险旅游的忠实拥护者和宣传大使，也是较少发生意外的探险群体。

“个人中心”个性特点显著正向影响“倾向计划”探险决策（影响效用为0.042）。具有典型的以自我为中心的山地探险旅游者倾向在参加山地探险活动前做出详细的计划，甚至会准备多个备用方案以备不时之需，考虑到山地探险未知的突发问题，他们的行前准备总是非常充分。

“兴奋与冒险寻求”个性特点显著正向影响山地探险旅游者“再次参加山地探险旅游及山地探险旅游推荐度”探险决策（影响效用为0.447），具有强烈兴奋与冒险寻求个性特点

图5 中尼边境山峰登顶 **刘勇/摄**

的山地探险旅游者期盼再次参加山地探险旅游并乐于将山地探险旅游推荐给身边的亲戚朋友，是山地探险旅游的忠实拥护者。

5.2 政策建议

（1）将个性测试融入风险防范机制。山地探险旅游者个性特点对其安全观念及风险防范意识具有显著正向影响及差异性。探险能力较强的探险旅游者安全观念和风险防范意识较高，而探险能力较弱的初级山地探险旅游者的安全意识相对淡薄；同时，具有较强探险能力的探险旅游者倾向于在进行山地探险旅游活动时做出探险计划，通常在参加山地探险旅游活动前会对自身的身体状况和探险装备情况进行详细检查，并对可能出现的意外风险做出预估和防范，而探险能力相对较弱的初级山地探险旅游者更倾向于边走边计划，其对探险风险的认知相对较弱。所以，通过对探险旅游者进行性格测试可以更加有针对性地开展安全意识宣传工作，并建立对应的风险防范机制，特别是对于初级探险旅游者更应该加强安全意识教育并做好应急救援工作。

（2）强化初级探险旅游者的安全意识。在山地探险旅游者的个性特点中，探险能力是山地探险旅游者最重要的个性特点，而探险能力是个性特点中显著正向影响探险旅游者安全意识的重要个性，探险能力相对较弱的初级探险旅游者的安全意识越薄弱。对此，相关人员在设计和开发山地探险旅游产品时，对初级探险旅游者应更加注重安全教育和风险防范意识教育，因为探险能力越强的山地探险旅游者其安全观念及风险防范意识越强，相比来说探险能力较弱的初级探险者安全观念及风险防范意识较淡薄，加强探险能力较弱的初级探险旅游者的安全意识是探险旅游开发的重要内容。只有加强初级探险旅游者的安全意识，才能减轻和减少探险旅游事故。

（3）通过探险旅游者宣传探险旅游项目。“兴奋与冒险寻求”个性特点及他们的“安全观念及风险防范意识”行为显著正向影响山地探险旅游者再次参加山地探险旅游及山地探险旅游推荐度。可见，通过具有强烈兴奋与冒险寻求个性特点的山地探险旅游者的口碑效应对探险项目进行推广和宣传非常重要，因为具有此类个性特点的山地探险旅游者乐于再次参加山地探险活动并把该活动推荐给身边的亲朋好友，所以通过他们的口碑效应做好山地探险旅游宣传具有事半功倍的效果。同样，针对具有较强安全意识行为的山地探险旅游者也应该重点宣传和推广山地探险旅游产品，因为他们也是山地探险活动的忠实拥护者和铁杆粉丝，他们也乐于将山地探险旅游推荐给身边的人，通过具有这种行为特征的山地探险旅游者进行山地探险旅游产品的推广和宣传也具有非常好的效果。

项目支持

本研究受四川大学创新火花项目支持（编号：2018hhs-57）。

基金项目

2018 年度四川旅游学院校级科研机构项目“绳索公园设计规范及建设标准研究”，项目批准号：SCTUJ1808

参考文献

[1] Schuett M A. Refining Measures of Adventure Recreation Involvement [J]. Leisure Sciences, 1993, 15 (3): 205 – 216.

[2] Lee, Tsung Hung; Tseng, Chang Hao. How personality and risk-taking attitude affect the behavior of adventure recreationists [J]. Tourism Geographies, 2015, 17 (3): 307 – 331.

[3] 谢江凌. 女性气质类型与旅游消费行为的关系研究——以南昌市青年女性为例 [D]. 江西科技师范大学, 2012.

[4] 박수완. The impact of personality, self-construal and novelty on adventure seeking [J]. Journal of Hospitality and Tourism Studies, 2013, 15 (1): 1 – 17.

[5] 王富德. 中国背包旅游发展可行性研究 [D]. 北京第二外国语学院, 2007.

[6] 张晨. 不同民族大学生多领域冒险行为及其人格、基因与认知加工方式的影响机制研究 [D]. 宁夏大学, 2017.

[7] McDaniel, Stephen R.; Lee, Woo-Young. Marketing leisure services to sensation seekers: The relationship between personality and emotional response in novices using an artificial climbing Wall [J]. Advances in Consumer Research, 2007, 34: 468 – 470.

[8] Llewellyn, David J., Sanchez, Xavier. Individual differences and risk taking in rock climbing [J]. Psychology of sport and exercise, 2008, 9 (4): 413 – 426.

[9] Lepp, Andrew; Gibson, Heather. Sensation seeking and tourism: Tourist role, perception of risk and destination choice [J]. Tourism Management, 2008, 29 (4): 740 – 750.

[10] 程励, 罗翩. 山地探险旅游及旅游者决策研究 [M]. 科学出版社, 2016.

[11] Monasterio, Erik et al. Personality Characteristics in a Population of Mountain Climbers [J]. Wilderness & Environment Medicine, 2014, 25(2): 214 – 219.

[12] 同[2].

[13] 同[9].

[14] Galloway G, Lopez K. Sensation Seeking and Attitudes To Aspects of National Parks: A Preliminary Empirical Investigation [J]. Tourism Management, 1999, 20(6): 665 – 671.

[15] Holland-Smith, David. 'All the places we were not supposed to go': a case study of formative class and gender habitus in adventure climbing [J]. Sport Education and Society, 2016, 21(8): 1176 – 1192.

[16] 李纯，许春晓，等. 旅游者人格特质与漂流体验满意度关系研究[J]. 旅游研究，2010，2(03): 33 – 38.

[17] 何文斌. 旅游者人格特质与漂流体验关系研究[D]. 湖南师范大学，2010.

[18] 杜春玲. 基于体验视角下的黑龙江滑雪旅游研究[D]. 黑龙江大学，2012.

[19] Heggie T W, Heggie T M. Viewing Lava Safely: An Epidemiology of Hiker Injury and Illness In Hawaii Volcanoes National Park [J]. Wilderness &Environmental Medicine, 2004, 15(2): 77 – 81.

[20] Mu, Yang; Nepal, Sanjay. High Mountain Adventure Tourism: Trekkers' Perceptions of Risk and Death in Mt. Everest Region, Nepal [J]. Asia Pacific Journal of Tourism Research, 2016, 21(5): 500 – 511.

[21] Pedersen, DM. Perceptions of high risk sports [J]. Perceptual and Motor Skills, 1997, 85(2): 756 – 758.

[22] Dhondt W, Vandewiele M. How Senegalese Adolescents Perceive Traveling and Adventure [J]. Perceptual and Motor Skills, 1982, 55(3): 1019 – 1021.

[23] Burns W J. Adolescent Participation In Hazardous Activities – Identifying High-Risk Groups and Implications for Intervention Policies [J]. Advances In Consumer Research, 1993, 20: 176.

[24] Tok. S. The Big Five Personality Traits and Risks Sport Participation [J]. Social Behavior and Personality, 2011, 39(8), 1105 – 1112.

[25] 同[10].

[26] Mannel R C, Iso-Ahola S E. Psychological Nature of Leisure and Tourism Experience [J]. Annals of Tourism Research, 1987, 14(3): 314 – 331.

[27] Carl. I. C. Playing with risk? participant perceptions of risk and management implications in adventure tourism [J]. Tourism Management, 2006, 27: 317 – 325.

上海中心城区旅游吸引物暴雨内涝危险性评价

Risk Assessment of Rainstorm Waterlogging in Tourism Attractions in Downtown Shanghai

文 / 石 勇 王文华 苏毅博

【摘 要】

随着我国旅游业的不断发展，暴雨内涝对城市旅游业的负面影响日渐突出。本文以上海市中心城区为例，借助暴雨内涝相关资料，参照殷杰（2017）基于高精度地形表面模型的城市雨洪情景模拟方法，对百年一遇暴雨情景进行模拟，并根据水深将内涝划分为4个等级，计算中心城区各行政区划旅游吸引物危险性指数。数据表明：静安区、徐汇区、黄浦区旅游吸引物暴雨内涝危险性较大，普陀区、长宁区、杨浦区和虹口区危险性较小。该研究可为市政部门及景区提供参考，以便更有效地进行旅游吸引物暴雨内涝预防和管理，减少其对旅游业造成的损失。

【关键词】

旅游吸引物；城市内涝；危险性评价；上海；情景模拟

【作者简介】

石 勇 郑州大学旅游管理学院副教授，中科院地理科学与资源研究所博士后

王文华 郑州大学旅游管理学院硕士研究生

苏毅博 郑州大学旅游管理学院本科生

1 导言

20世纪70年代以来，旅游业发展迅速，成为我国的战略性支柱产业。然而，旅游业的快速发展也催生并放大了旅游安全风险。由于缺乏必要的风险防范意识、有效的管理机制和手段、相应的设备和技术等，旅游安全事故频发，损失逐年攀升。其中，暴雨、地震、泥石流等自然灾害类旅游安全事故尤为典型。2017年8月8日21时19分46秒，四川九寨沟景区暴发了7.0级地震，震源深度达20千米。此次地震造成多人伤亡（包含游客）和上万间房屋建筑损毁，旅游资源遭到严重破坏。暴雨内涝破坏旅游资源的案例更是屡见不鲜（图1）。2018年7月上半旬，四川省各地频发强降雨，雨量大且持续时间长，省内较多旅游景区不同程度受损，截至11日，该省已有7个市（州）的64家A级景区（点）存在较大安全风险，暂行关闭。由于全球气候变暖、海平面上升及快速城市化，我国暴雨内涝事件发生频率明显有提高的趋势。据统计，2008~2010年，发生暴雨内涝灾害的城市占62%，有137个城市发生暴雨内涝灾害的次数超过3次[1]。研究暴雨内涝对旅游吸引物的影响，对暴雨内涝进行风险管理，是保证旅游业可持续发展的必要条件。

关于暴雨内涝的研究主要集中在城市内涝方面。国外洪涝灾害风险评估研究可追溯到1933年美国田纳西河流域管理局（TVA）成立后进行的流域洪水风险分析与评价，但当时国际地理学和灾害学界盛行致灾因子论。20世纪70年代后，国外学者对于洪涝灾害风险评估的研究从最初关注洪涝自然属性引起的风险转变为关注自然、社会、经济、文化和政策等多因素，并开发出多套城市雨洪模型，为城市暴雨内涝风险管理提供借鉴[2]。我国在20世纪80年代开始城市水文工作的研究。2000年以后，国内学者开始对城市内涝模型进行研究。基于国外已有研究成果，我国暴雨洪涝研究进展较快，不断有新模型的引入和发展丰富该领域，为我国城市防涝减灾和内涝风险管理提供很大支持。并且，情景模拟方法的运用，实现暴雨内涝灾害可视化表达及风险动态评估，极大地提高灾害风险评估精度。然而，目前关于暴雨内涝对景区、旅游地、旅游吸引物等影响的客观研究较少，相关研究多集中在游客暴雨内涝风险感知，减灾行为、态度、知识感知等层面。在城市暴雨内涝研究不断发展的同时，如何将研究成果引入旅游风险管理、减少灾害对旅游业的威胁，成为我们亟待解决的问题。

暴雨内涝风险管理离不开风险评估，而危险性评价是风险评估的第一步。本研究参照殷杰（2017）基于高精度地形表面模型的城市雨洪情景模拟方法[3]，对百年一遇的上海市中心城区暴雨情景进行模拟，并将洪涝淹没结果用于旅游吸引物危险性评价，试图将城市暴雨内涝最新研究成果应用于旅游风险研究，减少灾害对旅游业的威胁。

2 研究区概况与数据来源

2.1 研究区概况

上海市地处120° 52′ E~122° 12′ E，30° 40′ N~31° 53′ N，位于太平洋西岸、亚洲大陆东岸，东临东海，南接杭州湾，西边连接江苏、浙江两省，北部和长江入海口相接，属

图1 2014年5月11日，深圳连续遭暴雨袭击 **图片来源：图虫网**

于长江三角洲冲积平原的一部分，是中国南北海岸的中心点。上海是亚热带季风气候，四季分明，雨量充沛，全年雨季集中在5月和9月，全市平均年降水量1173毫米(图2)。上海地处沿海，地势低洼，排水性差，容易受台风、风暴潮等极端天气影响，引发强降雨，造成河水暴涨，加大内涝发生可能性。同时，上海处于经济快速发展时期，道路不断延长，这使城市透水区域不断被侵蚀、不透水区域面积大幅增加、地面沉降增加、水域面积减少，加上经济发达、人口众多、高楼林立、“热岛效应”明显，使得上海降雨频率增加，也加大暴雨内涝灾害发生可能性。据统计，上海每年6~9月汛期由台风等天气引起的暴雨内涝灾害使其遭受重大损失。如2005年8月6日，台风“麦莎”带来的大暴雨造成上海市区200余条道路积水，5万多户居民家进水，直接经济损失13.58亿元[4]；2006年7月8日，上海遭遇强对流天气，降雨量达70~150mm/h，导致60多条马路积水，1500多户民居进水[5]；2007年，汛期长达122天，全市总降水量为762.5mm，超警戒水位22次，其中，10月份“罗莎”期间，超警戒水位12次；2013年9月13日，上海遭遇百年一遇特大暴雨，导致浦东、黄浦、杨浦、长宁等中心城区80多条道路短时积水20~50 cm；2013年10月8日,上海受台风“菲特”影响，市内11个标准测站降水量平均值达到156 mm，为1961年以来全市平均单日降雨量历史第1位[6]。上海各区县洪灾均以内涝型为主，暴雨内涝成为上海洪灾风险管理的重点。

上海是国际大都市，中国经济、金融中心。它历史悠久，是国家历史文化名城，江浙吴越文化与西方传入的工业文化融合形成其特有的海派文化。上海在保留中华元素的同时，吸收外来文化，旅游吸引物丰富(图3)。由上海市旅游局发布的《2017年上海旅游业统计公报》可知：2017年上海市实现旅游产业增加值1888.24亿元，比上年增长9.1%。至2017年末，全市已有A级旅游景区(点)99个，其中AAAAA级景区3个，AAAA级景区5个；红色旅游基地34个，其中全国红色旅游基地9个。2017年接待国际

图2 上海市外滩一角 徐晓东/摄

图3 上海龙美术馆 徐晓东/摄

旅游入境者 873.01 万人次，比上年增长 2.2%。全年接待国内旅游者 31845.27 万人次，增长 7.5%。全年入境旅游外汇收入 68.10 亿美元，增长 4.3%;国内旅游收入 4025.13 亿元，增长 16.9%[7]。

上海中心城区指上海外环线以内区域，面积约 660km^2。上海中心城区的核心区域包括：黄浦区（黄浦区加原南市区加原卢湾区）、徐汇区、长宁区、杨浦区、虹口区、普陀区、静安区（原静安区加闸北区）以及浦东新区的外环内城区（浦东外环线以内的城区）。上海市中心城区行政区划分布如图 4 所示。其中，浦东新区只有部分面积在上海市中心城区范围

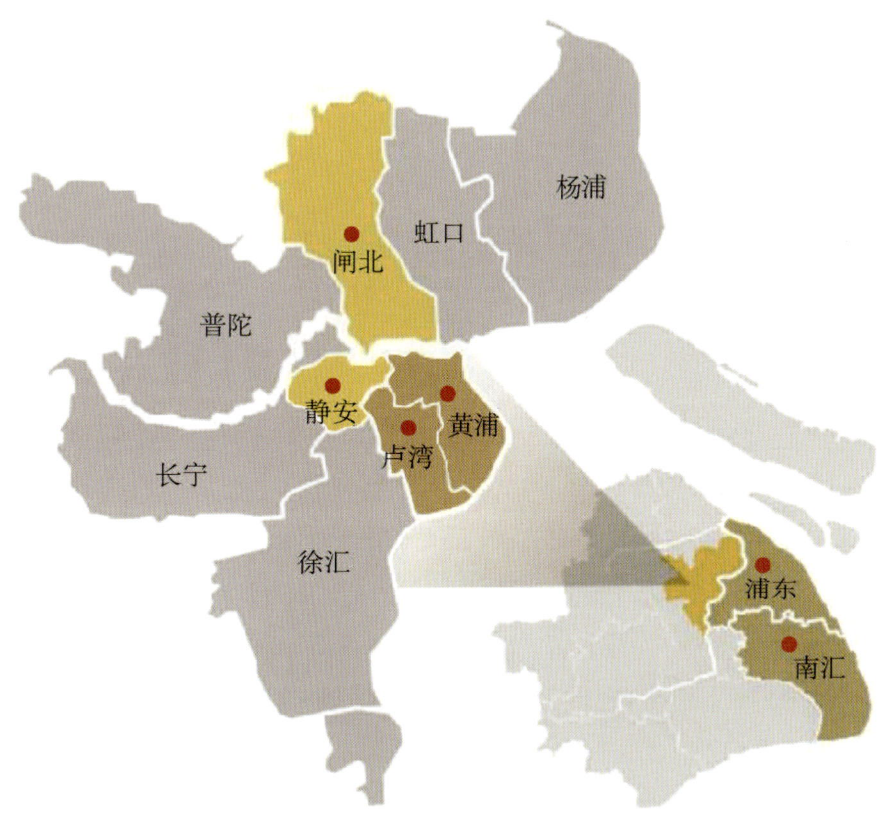

图4 上海市中心城区行政区划分布示意图

内，情况较为特殊，为便于各行政区有效比较，本研究选取上海市中心城区除浦东新区管辖以外区域作为研究对象。

2.2 数据来源

本研究数据主要包括上海市中心城区降水数据、地形数据、各行政区旅游资源单体数据。

2.2.1 降水数据

在洪水泛滥的外部趋势下，降水信息被广泛用于内涝灾害分析。我国大部分城市都有暴雨强度公式，以反映当地降水的强度—持续时间—频率（IDF）关系，说明当地降水特征。上海市暴雨强度公式可表述为：

q = 1995.84(P0.30－0.42)/(t+10+7lgP)0.82+0.07lgP

其中 q 为降水强度，P 为降水重现期，t 为降水持续时间。

采用上海市暴雨强度公式，计算百年一遇暴雨的小时降水量为 101mm/h[8]，对于降水时间分布，采用在暴雨设计中广泛应用的芝加哥雨型公式，表述如下：

$$i_a = \frac{a\times\left[\frac{(1-c)\times t_a}{1-r}+b\right]}{\left(\frac{t_a}{1-r}+b\right)^{c+1}}$$

$$i_b = \frac{a\times\left[\frac{(1-c)\times t_b}{r}+b\right]}{\left(\frac{t_b}{r}+b\right)^{c+1}}$$

其中 i_a 是峰值后的降雨强度 (mm/min)；i_b 是峰值前的降雨强度 (mm/min)；t_a 是峰值后的时间 (min)；t_b 是峰值前的时间 (min)；a、b 和 c 是位置和频率的参数函数。

芝加哥公式被用来计算峰值强度，然后用相关持续时间谱重新分配峰值前后的降雨量[9]。在上海市，按经验将雨峰系数 r 设置为 0.4，时间间隔为 1min[10]。

2.2.2 地形数据

为表征上海市中心城区地面的地形特征，采用上海市测绘院提供的 2006 年中心城区航测激光雷达高程点云数据（约 0.6m 水平分辨率，0.1~0.2m 垂直分辨率），利用 Terra Solid 软件对原始数据进行质量控制和分层处理，去除行道树等地形干扰物，生成分辨率为 2m 的上海市中心城区高精度地形表面模型（DSM）[11]。

2.2.3 旅游资源单体数据

本文研究对象为上海中心城区除浦东新区管辖范围以外区域，包括虹口区、黄浦区、静安区、普陀区、徐汇区、杨浦区、长宁区 7 个行政区。旅游资源统计数据来源于 2016 年《上海旅游资源图志（上中下）》[12]。该书收录的旅游资源单体，在虹口区、黄浦区、静安区、普陀区、徐汇区、杨浦区、长宁区分别有 49、141、58、36、71、38、35 个。笔者对研究范围内旅游资源单体名称、地理坐标进行获取，通过 ArcGIS 10.2 软件对其经纬度数据进行标注，获得旅游资源分布图层。

3 研究方法

3.1 城市洪涝情景模拟

城市暴雨洪涝模拟采用最新开发的基于栅格的高精度水文—水动力数值模型（Flood Map-Hydro Inundation2D），该模型是在二维水动力模型（Flood Map）的基础上，耦合了城市水文过程（蒸发、下渗和排水等）模块，可用于城市雨洪过程模拟研究。其中，下渗过程通过广泛应用的 Green-Ampt 方程计算，蒸发量估算基于前人研究的经验性正弦曲线公式（约 3mm/d）[13]。城市排水过程模拟基于实际管网设计排水能力，将小时排水量线性分解到每个时间步长来计算。地表洪涝过程模拟基于圣维南方程描述浅水波非恒定流，采用与 LISFLOOD-FP 相似的模型结构[14]，但使用不同方法计算时间步长，虽简化了水流的动能条件，但其建模更为简单、运算效率更高且结果精度也较高。整个模拟时间设置为 4h，以使洪涝过程达到稳定状态。基于上海市中心城区 2011 年 8 月 12 日发生的暴雨洪涝事件，对构建的城市雨洪模型进行验证和率定，获取的经验参数用于本文的模拟研究工作。

3.2 水深危险性等级划分

根据水深对人类社会生产、生活的影响和已有划分依据，水深在 10cm 以下积涝不大，基本无影响；水深在 10~20cm 之间，有轻度积涝，但对交通及旅游活动影响不大；水深在 20~30cm 之间，中度积涝，会对旅游相关活动造成明显影响；水深在 30cm 以上，重度积涝，交通堵塞，旅游活动严重受阻，旅游吸引物受到直接损害。结合文献资料[15,16]，将内涝危险性划分为 4 个等级：1 级：10cm 以下；2 级：10~20cm；3 级：20~30cm；4 级：30cm 以上。基于此对上海市中心城区各行政区内旅游吸引物危险性进行评价。

3.3 各行政区危险性指数计算

为更精确地对上海中心城区各行政区旅游吸引物暴雨内涝危险性进行分析和比较，本研究采用定量分析的方法。针对模拟的暴雨情景，结合已有旅游吸引物分布资料，统计上海市中心城区各行政区在不同水深等级下的旅游吸引物数量，求出每种危险性级别下被淹旅游吸引物数量在整个中心城区该危险性级别所淹总量中所占比例。按照危险性级别，给1~4级的内涝分别赋予权重，结合上述旅游吸引物数量比例，计算出中心城区各行政区划旅游吸引物暴雨内涝危险性指数。危险性指数计算公式：

$$H_j=\sum_{i=1}^{m} g_j \times w_i$$

其中i表示各内涝等级，j表示中心城区各行政区，w_i表示不同内涝等级的权重，g_j表示该行政区域受灾旅游吸引物占该级别受灾总量的比例。

4 结果分析

4.1 上海市中心城区暴雨内涝情景模拟

上海市中心城区在百年一遇暴雨内涝情景模拟下，各行政区积水深度分布如图5所示。图中颜色由浅到深表示水深越来越高，其中最深处达5.4911m。

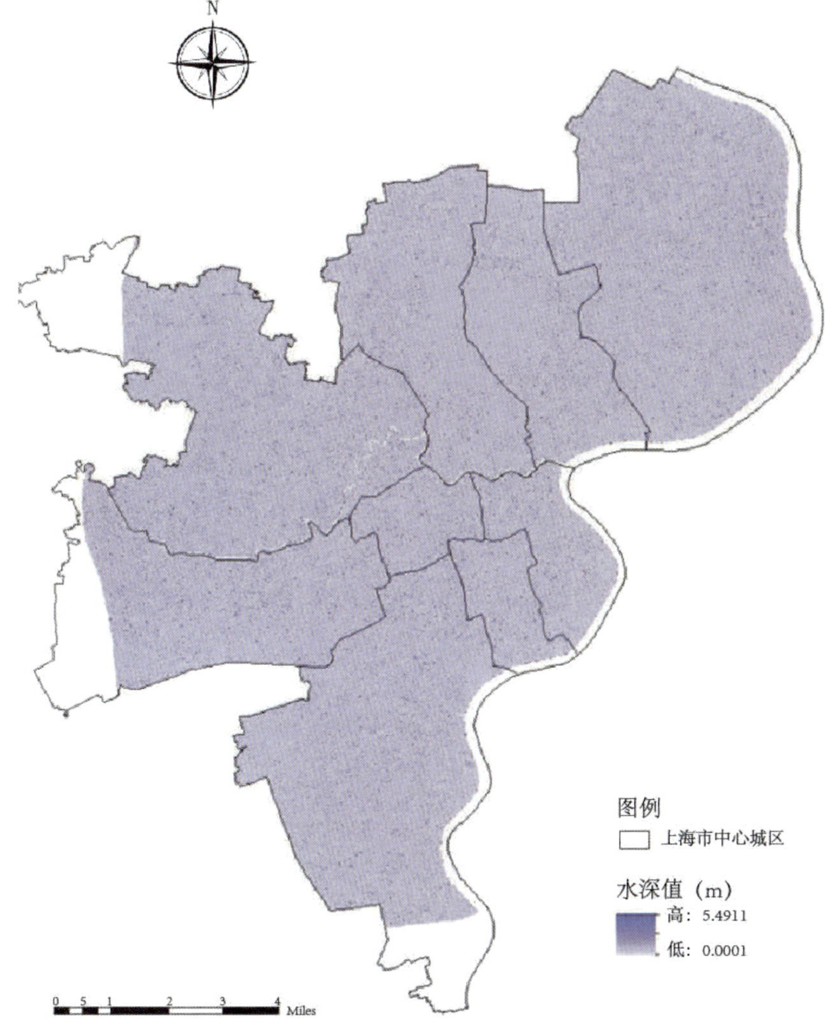

图5 上海市中心城区暴雨情境下水深分布

4.2 不同内涝等级下旅游吸引物危险性评价

根据前面提到的，按照水深将内涝划分为1~4四个等级，基于此对上海市中心城区各行政区内旅游吸引物危险性进行评价。

运用ArcGIS将模拟得到的百年一遇暴雨内涝灾害水深分布图与该地旅游资源分布图进行叠合，得到上海中心城区旅游资源与受灾水深叠加图层。由叠加后图层得到中心城区各行政区域在不同水深等级下旅游吸引物分布数量，如表1所示。

此外，针对模拟情景，求出各行政区每种危险性级别下被淹旅游吸引物数量在整个中心城区该危险性级别所淹总量的比例，结果如表2所示。

按照各内涝级别对中心城区旅游吸引物危险性贡献不同，给1~4级的内涝分别赋予权重0.1、0.2、0.3、0.4。利用公式计算出各行政区划旅游吸引物危险性指数，结果如表3所示。

由此可以得出，中心城区各行政区旅游吸引物暴雨内涝危险性排序为：静安区>徐汇区>黄浦区>普陀区>长宁区>杨浦区>虹口区。数据表明：静安区、徐汇区、黄浦区旅游吸引物暴雨内涝危险性较大，普陀区、长宁区、杨浦区和虹口区危险性较小。

5 结论与讨论

5.1 结论

（1）旅游业快速发展，成为国民经济的战略性支柱产业，但面临各

表1 上海市各行政区域受灾旅游吸引物分布

城区	水深等级			
	1级	2级	3级	4级
虹口区	6个	43个	0	0
黄浦区	5个	107个	29个	0
静安区	0	23个	29个	6个
普陀区	0	18个	15个	3个
徐汇区	1个	27个	39个	4个
杨浦区	3个	20个	14个	1个
长宁区	1个	27个	4个	3个
总计	16个	265个	130个	17个
所占百分比（%）	3.74	61.92	30.37	3.97

表2 上海市各区域受灾旅游吸引物占该级别受灾旅游吸引物总数比例

比例	虹口区	黄浦区	静安区	普陀区	徐汇区	杨浦区	长宁区
1级（%）	37.5	31.25	0	0	6.25	18.25	6.25
2级（%）	16.23	40.38	8.68	6.80	10.19	7.55	10.19
3级（%）	0	22.31	22.31	11.54	30	10.77	3.08
4级（%）	0	0	35.29	17.65	23.53	5.88	17.65

表3 上海市各区域旅游吸引物暴雨内涝危险性指数

行政区	虹口区	黄浦区	静安区	普陀区	徐汇区	杨浦区	长宁区
危险性指数	0.07	0.18	0.23	0.12	0.21	0.09	0.11

种自然灾害的威胁。通过对旅游吸引物自然灾害危险性进行分析，进而进行风险评估和管理，可以有效减少自然灾害对旅游业的威胁，促进旅游业可持续发展。

（2）由研究数据可知，上海市中心城区各行政区旅游吸引物暴雨内涝危险性排序为：静安区>徐汇区>黄浦区>普陀区>长宁区>杨浦区>虹口区。数据表明：静安区、徐汇区、黄浦区旅游吸引物暴雨内涝危险性较大，普陀区、长宁区、杨浦区和虹口区危险性较小。

（3）针对上海市中心城区各行政区划旅游吸引物暴雨内涝危险性程度差异，相应地，市政部门可对各行政区采取不同的应对策略，以有效降低自然灾害给旅游业造成的损失。同时，景区可根据自身旅游吸引物暴雨内涝危险性高低，主动采取相应措施，以达到保护目的。同时，该研究方法可用于其他地区旅游吸引物自然灾害危险性评价。

5.2 讨论

本研究以上海市中心城区为例，对百年一遇暴雨情景进行模拟。通过洪涝淹没深度等级划分，结合旅游吸引物数量，定量分析各行政区旅游吸引物暴雨内涝危险性。研究结果可为市政部门、景区等提供参考，以便更有效地进行暴雨内涝预防和管理。但由于研究资料有限，本研究在对危险性进行分析时，只讨论百年一遇暴雨内涝一种情况，且研究对象仅限于旅游吸引物。在旅游业迅猛发展的时代，旅游风险评估相关研究有待进一步深入，进而指导风险管理实践，促进旅游业可持续发展。

注释

本文采用“旅游吸引物”的说法，但由于本文引用了《上海旅游资源图志（上中下）》中的旅游资源单体数据，所以文中有些地方保留了旅游资源的说法。

基金资助

本研究受国家自然科学基金项目“景区自然灾害风险形成机制及动态评估模拟（41601566）”、教育部人文社会科学青年项目“城市暴雨内洪灾害系统的脆弱性评估与应急管理研究（14YJCZH128）”项目和河南省高等学校重点科研项目“游客自然灾害风险形成机制及动态评估模拟研究（19A630029）”资助。

参考文献

[1] 陈仁泽. 再不能重地表轻地下[N]. 人民日报，2011-07-18(017).

[2] 张振国. 城市社区暴雨内涝灾害风险评估研究[D]. 上海师范大学，2014.

[3] 殷杰. 基于高精度地形表面模型的城市雨洪情景模拟与应急响应能力评价[J]. 地理研究，2017，36(06)：1138-1146.

[4] 尹占娥，许世远，殷杰，等. 基于小尺度的城市暴雨内涝灾害情景模拟与风险评估[J]. 地理学报，2010，65(5)：553-562.

[5] 陈振楼，王军，刘敏，等. 上海市主要自然灾害特点与应对策略[J]. 华东师范大学学报（自然科学版），2008(5)：116-125.

[6] 黄清雨，董军刚，李梦雅，等. 暴雨内涝危险性情景模拟方法研究——以上海中心城区为例[J]. 地球信息科学学报，2016，18(04)：506-513.

[7] 上海市旅游局. 2017年上海旅游业统计公报[R]，2018-03-09.

[8] 上海市政工程设计研究院. 给水排水设计手册：城镇排水[M]. 北京：中国建筑工业出版社，2003.

[9] Keifer, C. J. , Chu, H. H. , 1957. Synthetic storm patterns for drainage design. ASCE J. Hydraul. Div. 83, 1332. 1-1332. 25.

[10] Yin J, Yu D P, Yin Z E, et al. Evaluating the impact and risk of pluvial flash flood on intra-urbanroad network: A case study in the city center of Shanghai, China. Journal of Hydrology, 2016, 537: 138-145.

[11] Yin J, Yu D P, Wilby R. Modelling the impact of land subsidence on urban pluvial flooding: A case study of downtown Shanghai, China. Science of the Total Environmental, 2016, 544: 744-753.

[12]《上海旅游资源图志》编写组. 上海旅游资源图志[M]. 上海：上海科学普及出版社，2014.

[13] Calder I R, Harding R J, Rosier P T W. An objective assessment of soilmoisture deficit models. Journal of Hydrology, 1983, 60: 329-355.

[14] Bates P D, Horritt M, Fewtrell T. A simple inertial formulation of the shallow equations for efficient two-dimensional flood inundation modelling. Journal of Hydrology, 2010, 387 (1-2): 33-45.

[15] 王建鹏，薛春芳，解以扬，等. 基于内涝模型的西安市区强降水内涝成因分析[J]. 气象科技，2008，36(06)：772-775.

[16] 石勇，许世远，石纯，等. 基于情景模拟的上海中心城区居民住宅的暴雨内涝风险评价[J]. 自然灾害学报，2011，20(03)：177-182.

智利复活节岛的石像

旅游危机管理

Tourism Crisis Management

王爱萍/摄

互联网背景下的旅游危机与社会认同

Tourism Crisis and Social Awareness in an ITC-Driven Background

文 / 赵永宏 李九全

【摘 要】

互联网的崛起使危机发生暴露传播日益常态化、公共化。旅游业作为国民经济中最易遭受冲击的支柱产业，互联网的迅速发展使危机事件对旅游业的影响作用进一步凸显。一方面，互联网重构了旅游危机中的信息传播秩序和权力关系，通过话语权再分配，从而在微观上加剧了特定旅游热点事件的复杂性；另一方面，互联网也改变了旅游危机与社会认同之间的关系，使社会认同得以重构。

【关键词】

旅游危机；网络社会；形成机制；社会认同

【作者简介】

赵永宏 西安外国语大学旅游学院人文地理研究所讲师

李九全 西安外国语大学旅游学院人文地理研究所教授

1 导言

作为人类社会最伟大的发明之一，互联网已成为当前现实社会的直接延伸，已经深度融入社会发展和公众生活的方方面面。实际上，虚拟的网络社会与现实社会已经融为一体，构成了一个复杂的、系统的人类社会，数字化生存成为公众的一种全新的社会生活状态。在网络新媒体崛起的同时，公共危机事件频发也是现阶段我国社会的显著特征。在公共危机中，互联网暴露、传播、放大各种风险要素，重构利益关系与价值秩序，从而加剧了具体危机事件的复杂性和多变性[1]。互联网改变了当今社会的信息传播秩序和权力关系，且使各种危机的发生日益常态化、公共化[2]。旅游业作为一项对产业环境高度敏感的产业，危机事件的发生必然对旅游业产生显著的影响[3]。而互联网的迅速崛起使危机事件对旅游业的影响进一步增大。探究原因，其根本在于社会认同的背景发生了改变，社会认同是基于一定的社会背景而建构的，网络时代社会认同的背景发生了颠覆性的变化。基于以上方面的考虑，笔者试图在互联网背景下，通过探讨旅游危机的构成要素、产生基础及形成机制，诠释互联网时代旅游危机与社会认同之间的关系，进一步理解互联网对旅游危机的影响。

2 互联网背景下的旅游危机形成机制

传统的危机管理理论认为政府是公共危机管理的唯一主体，称为“政府危机管理”。在危机管理中，政府承担着“全能”的角色，它既是应急预案的制定者、危机应对的决策者，又是危机管理的执行者和危机事后的修复者。在融媒体时代，互联网以其特有的开放性、互动性和去中心化等特点形成一个相对自由的虚拟空间，也叫“网络公共领域”，它“已成为思想文化信息的集散地和社会舆论的放大器”。每个公民都可以通过使用互联网而成为信息源和舆论源[4]。因此，与传统公共危机相比，互联网背景下的危机构成要素、形成机制必然发生变化，其在旅游危机方面的表现如下。

2.1 互联网背景下旅游危机构成要素

互联网背景下旅游危机形成需要具备以下要素，即主体、客体、本体、媒体与驱动力[5,6]。

（1）主体。主体指对相关信息进行生产、传递、分解和消费的个体或组织，主要包括网民、媒体和政府。这里主体是指以网民为核心的社会公众，旅游危机主体是针对旅游危机事件发表意见的网民、政府和媒体。网民主要包括事件当事人、游客、相关从业人员、学者、旅游目的地居民等。

（2）客体。客体是指源于现实社会和网络社会的、与公众利益密切相关的公共危机事件及其信息传播。互联网背景下的旅游危机客体，是指被新闻媒体和网民关注的，由旅游直接产生的和与旅游有关的危机事件，即产生网络热点的旅游危机事件。

（3）本体。本体是指网民在心理认知上对公共危机事件产生的主观意愿，是主体针对某些议题、现象或事件，在网络空间表达的认知、情绪、态度和意见等具体内容，具体包括文字、符号、图片、音频、视频、链接等表现形式。旅游危机本体是特定旅游危机事件在互联网上内容的具体表现形式。

（4）媒体。媒体是指传播信息的媒介，是信息从传播者到接受者之间各种传播形式和手段的总称。媒体包括传统媒体和网络媒体，这里特指网络媒体，特别是以自媒体为主的互联网及其移动终端。旅游危机媒体主要包括传播旅游危机事件的论坛、微信、微博、博客、视频网站及新闻网站等平台。

（5）驱动力。驱动力指促使和推动旅游危机态势演化的作用力。包括内源动力和外源动力。其中，内源动力就是旅游事件本身所包含的破坏力，由事件本身属性决定；外源动力包含网民推动力、政府或相关组织调控力，外源动力是事件外部的作用力，但是对旅游危机事件的发展方向、影响力的形成具有非常重要的作用。

2.2 互联网背景下旅游危机形成基础

2.2.1 客观社会问题的存在

当前，我国正处于社会转型的关键时期，这一阶段也是人口与资源、效率与公平等各种社会矛盾凸显的时期。传统社会群体的瓦解、贫富差距的拉大、新的社会阶层的崛起以及腐败、社会道德、信仰等都容易引起合法性危机。从网络社会所反映的种种问题来看，网络社会最关心的是与社会成员联系密切又

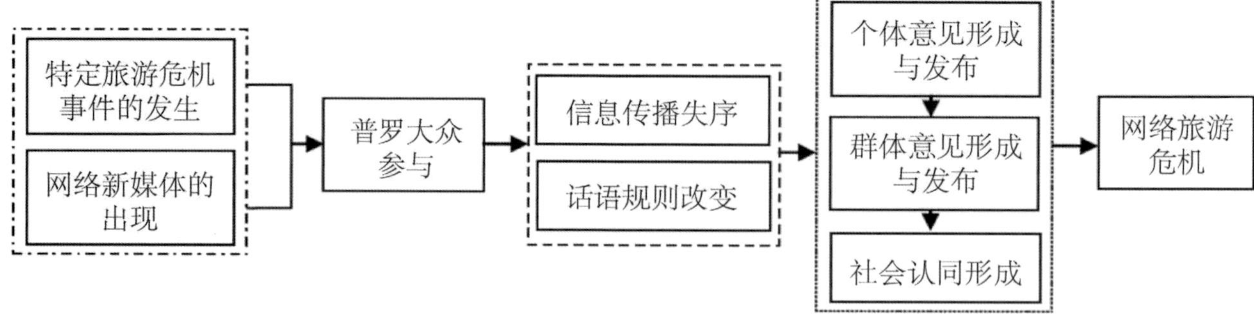

图1 互联网背景下旅游危机的形成机制

十分突出的社会现实问题，如贫富分化、官员腐败、社会公平、阶层固化、道德失范等问题。这些问题最容易引起网民持久而广泛的关注，而正是这些社会现实问题构成了网络旅游危机发生的基础。

2.2.2 传统现实社会中普罗大众诉求与参与的严重不足

互联网虚拟空间的自由性和人们在现实社会中无处释放的焦虑和压力是网络社会认同问题凸显的现实[7]。在传统媒体时期，报纸、广播和电视等往往代表党和国家，一直是政府的宣传工具，基本为全然不顾当事人和社会公众想法的单向传播。话语权主要掌握在社会精英手中，报纸、电视等传统媒体则是其行使话语权的重要渠道。社会受众只能被动接收来自各家媒体传播的信息，大众传播方式极为流行。社会上发生的大事件都是在报纸、广播和电视上开始流传，受众之间口耳相传才得以对外传播。这种情况下，普罗大众特别是其中的弱势群体几乎无可能获得与统治精英对等的媒体话语权，缺少充分的公共表达训练，基本处于局外人、边缘人位置。以城市精英为代表的传媒集团与意见领袖，总是利用媒体平台传播符合本阶层利益的价值观念与行为准则，压制普罗大众的话语体系与思维方式。公共危机的真相和"口径"、解释和解决方案主要掌握在社会精英手中，精英与大众之间存在信息、知识、权力和表达资源的不对称，对话双方处于一种完全不平等的地位，普罗大众诉求渠道与参与机会严重不足。

2.2.3 网络新媒体的崛起

互联网时代的到来则极大改变了传统的信息传播格局。互联网赋予了普通民众前所未有的话语权，使社会精英与普罗大众之间在表达资源、机会和地位方面趋向均衡。互联网使曾经被排除在公共领域的主流话语之外的边缘群体拥有了属于自己的话语表达平台，很多人在网络社会中以一种"审判者"的姿态参与讨论，以自己的价值观来评判这些典型的代表性事件。因此，互联网使信息传播者在信息传播时，必须把信息接收者的广大受众放在中心位置，切实考虑普通民众之所需所想。

2.3 互联网背景下旅游危机形成机制

互联网使传统社会由统治精英掌控的话语权规则得以改变，使曾经被排除在主流话语之外的边缘群体有了自己的话语权，构建了多元话语表达体系。因此，在互联网背景下，旅游危机的形成机制与传统媒体时代相比发生了极大的变化（图1）。

2.3.1 互联网背景下旅游危机事件的发生

在我国经济高速发展、社会深刻转型和高风险社会来临等机遇与挑战并存的大背景下，随着旅游产业逐步成为国民经济的支柱产业、我国国内旅游和出入境旅游活动日益频繁，在以论坛、微博、微信等为代表的网络新媒体传播方式影响下，新闻生产方式、社会成员沟通方式、官方民间互动方式、旅游营销方式、旅游目的地形象感知和维护方式都发生了巨大变化，一些分布于旅游系统特定领域中反映社会矛盾和敏感问题的旅游危机事件，由于涉及特定主体，具有较高的新闻传播价值，契合网民心态诉求，发生在特定的时间和空间条件下，由于事件当事人、其他利益相关者和目击者通过智能手机、平板电脑、微博、视频网站等新媒体工具爆料，进入网络空间。

2.3.2 互联网改变了传统的话语权，普罗大众地位的极大提升

互联网时代环境下，网络开放性、匿名性的特征为广大网民发表言论提供了极大的便利，使其免受社会制度和法律规则的限制，网民可以更加随意地生产网络语言和网络评论，行使言论自由权，使虚拟空间与现实空间得以融合。

2.3.3 信息传播秩序和话语规则的改变

普罗大众的广泛参与改变了危机利益攸关方的权力关系和危机中的权力运行机制。互联网使普罗大众获得了空前的表达资源和机会，影响到人们如何认识、想象、讨论和建构危机事件；互联网冲击了传统媒体时期由政治、商业和文化精英主导的权力规则和合法性基础，使普罗大众获得前所未有的话语权，并将权力主张转化为实际社会行动的能力[8]。在这一机制中，由话语重构引发的权力关系重构引发了信息传播秩序与话语规则的改变。

2.3.4 互联网背景下社会认同的形成

网络旅游危机的出现通常都源自于网络媒介上出现了与公众利益切身相关的刺激性事件，从而吸引了大众的注意力。而一旦特定旅游热点事件发生，公众就会从自身出发，通过网络表达看法、抒发情绪。首先是普通网民的表达，然后网络意见领袖进行分析、引导，通过网站的聚合，网上网下媒体互动，最后形成大范围的社会认同。

2.3.5 网络旅游危机的形成

大范围社会认同的形成，对政府及责任主体产生极大的网络舆论压力，政府组织启动网络危机实时监测系统，时刻关注旅游危机发展的动态及网民的行为，采取措施加以应对。倘若政府应对不当，则产生网络旅游危机，破坏旅游目的地形象，影响旅游业的发展，甚至危害社会的稳定。

3 网络旅游危机的社会认同形成机制

社会认同是“社会成员共同拥有的信仰、价值和行动取向的集中体现，本质上是一种集体观念”[9]。随着网络时代到来，网络社会中的认同发生了根本变化，甚至是颠覆性的变化，社会认同逐步由身份认同、归属性认同转向评价性认同，认同感不仅仅停留在对周围社会的信任和归属、对有关权威和权力的遵从，而且增加了更多的评价性因素。

3.1 特定热点旅游事件的发生

任何网络危机的产生都不是凭空产生，都是由某些特定事件、人物、背景、矛盾相互作用驱动而形成。特定事件的发生，能迅速聚集网民的目光，使广大网民围绕该事件展开广泛讨论，从而形成针对事件或现象的理性或非理性认知。特定旅游热点事件的发生是网络虚拟社会话语场中对于旅游危机社会认同形成的基础。在网络虚拟社会中，广大网民一般呈松散化、随意性的存在，很多群体是基于一定范围内共同的兴趣和线下社会关系网而形成的，只有在特定旅游事件发生以后，大范围的社会认同才开始启动，因此特定旅游热点事件的发生是社会认同建构的第一步。这里的特定旅游热点事件指被新闻媒体和广大网民关注的，由旅游直接产生的和与旅游有关的事件，这里主要包括负面的旅游危机事件，如2012年华山游客滞留事件（图2、图3）。

3.2 集体记忆的“投射”

集体记忆是关于一个特定社会群体成员共享往事的过程和结果[10]。由于集体记忆具有选择性，当互联网信息进入广大网民头脑时，头脑中的固有认知框架会对进入的信息进行选择，强化与自身认知框架相近的信息，选择性遗忘与自身认知相左的信息，遴选后的部分信息才有可能进入人们大脑内部成为集体记忆，作为一种诠释的认知框架而存在。社会现实会不断“投射”到集体记忆中被诠释和解构，从而不断重复激活着社会成员的共享情感，因此集体记忆对社会认同的形成具有重要认知框架价值[11]。如网络中经常可以看到由于社会不公、官员腐败、官员言行等引起的旅游危机热点事件，在整个网络世界范围内形成了消极性集体记忆与情感。再加上在一些社会不公事件发生后，部分政府部门所表现出来的“不作为”也使得民众形成了“当前的社会权威与制度体系可能无法解决这些问题”的固定印象。基于这种消极性集体记忆，当虚拟网络社会中出现负面旅游危机事件时，广大网民便以既有的观点去看待这些事件，抱着“这其中一定有内幕”的心态审视，为旅游危机事件的进一步扩大创造了条件。

图2 华山 心舞蝶剑/摄

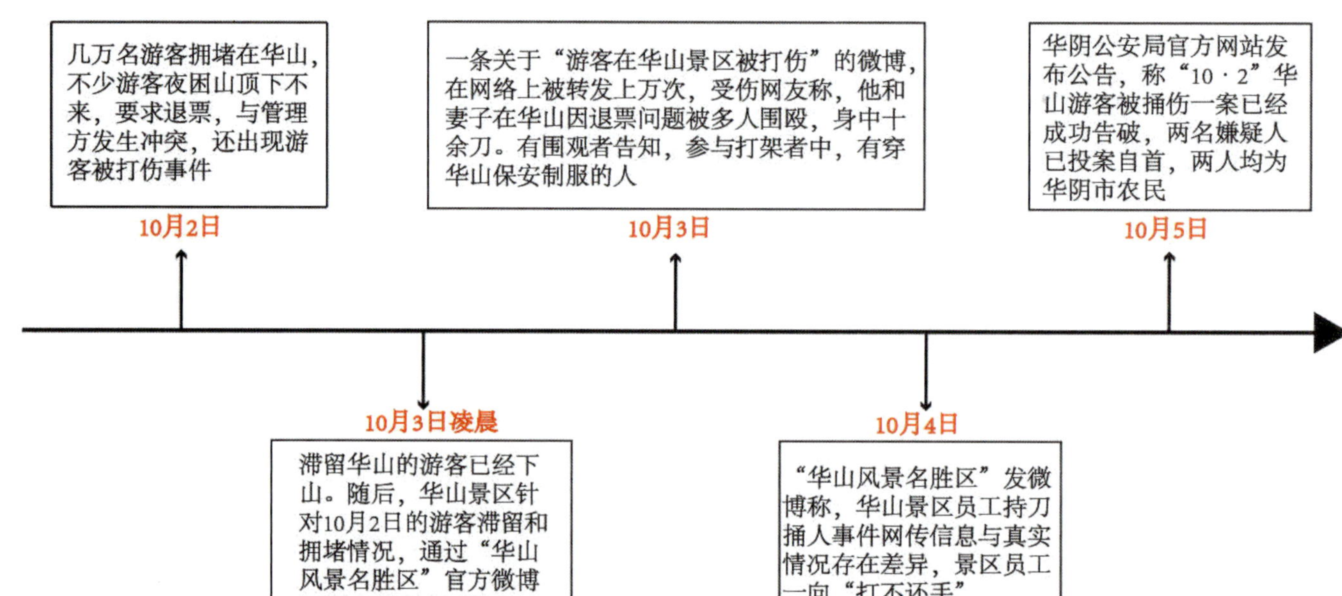

图3 华山游客滞留事件发展始末示意图 内容来源：根据网络资料整理

3.3 特定社会象征意义的赋予

社会事件问题本身并不一定导致社会行动，只有当社会问题被人们感知并赋予其意义时才会成为问题，许多原本可以被看作严重的社会问题的客观状况从来没有能够成为公众讨论的话题，甚至没有被人们所察觉[12]。因此，任何一件旅游热点事件一旦脱离了自身的事实表述，被赋予社会意义，成为一种价值判断和意义符号时，那么这件旅游事件会很快成为社会性事件。如青岛"天价虾"宰客事件，来自青岛市北区"善德海鲜烧烤家常菜"海鲜大排档的一只大虾，使"好客山东"品牌在一夜之间毁于一旦，且被贴上"宰客"的标签。黑龙江雪乡旅游高价事件也同样成为网络危机（图4）。

图4 雪乡旅游景区公示的2018年冬季价格表引发微博网友热议 **图片来源：新浪微博**

3.4 社会情绪唤醒及小范围的社会认同形成

当特定热点旅游事件被赋予特定的社会意义之后，借助微信、微博、博客、论坛等的传播，其传播速度会呈几何级增长。从本质上讲，社会意义是一种价值判断，背后是社会情绪。当蕴含着社会情绪的象征符号有效地在网络的参与者或旁观者的世界中激起共鸣时，一个分享共同的生活场域、经验和集体记忆的“地域—身份—命运—道义”组合共同体就会逐渐清晰起来[13]。近年来许多网络旅游热点事件都有相似的历程，网络空间起初通过点对点的无数连接，将信息瞬间扩散到广大网民之间，然后又以某种象征符号将网民吸附到这个共同体之中。一旦这个组合共同体被激活，民众的社会情绪就会被唤醒，社会个体自动选择不同的群体进行集聚，社会情绪就会被小范围的群体认同和接受，小范围的社会认同得以形成。

3.5 社会认同的形成

这一阶段主要是通过信息传播来实现的。就像在“日本游客武汉丢自行车”“三亚宰客门”等旅游网络热点事件中一样，或是视频资料，或是微博、博客、论坛、微信里的激烈批评和真情流露，这些象征符号，通过网络空间的传递，唤起了广大网民对于共同感性意识的认知，“真相”“公正”等词频繁出现在网友的评论里。这些视频、日常文字等蕴含着情绪、情感的象征符号，使大众自动地在内心中不自觉产生感性意识形态上的共鸣，在无形中就塑造出了一种集体认同感。于是，最初来自某些网民个体的小范围共鸣，在事件持续的升级与关注中，网络空间的点滴认同逐渐汇集起大范围的社会认同，甚至可能形成一股关乎全民公共利益的凝聚力，使线上的社会认同发展成为线下的社会行动力。因此社会情绪会随着事实信息进一步大范围传播，在大范围内被自媒体用户所接受，并进一步同化，进而内化到自身，形成自己的社会态度和社会意见，对整个社会热点事件具有一致的看法、一致的行为倾向，社会态度达到最大的“合意”，从而形成真正意义上的社会认同（图5）。

4 网络旅游危机的社会认同重塑

4.1 构建正向的新闻传播秩序

网络背景下旅游危机事件的传播离不开话语的构建，话语就是一种传播策略和方式。在危机事件的报道中，新闻社群容易带有自身的主观偏向，有意或无意地倾向于某一方或某种立场，失去了其自身报道保持客观公正的职业规范。带有主观偏见的新闻报道往往会产生特定的带有极端情绪的群体，引起网民对社会主要议题的错误判断。新闻社群应在新的媒体转型期重构新闻话语的传播秩序与规则，以开放的姿态秉承规范化的新闻职业报道做法和专业理念，自觉履行行业职责，努力消除受众心中对信息的不确定性，主动吸收公民新闻中优秀的报道，摒弃虚假、夸大的新闻宣传，注重所报道新闻的真实性。

17-4-22 14:31

#昆明身边事#【云南警方连续排查数百辆车为一名外国游客找回"录音笔"】近日，来自荷兰的史蒂芬，从昆曲交巡警大队辖区的昆明严家山加油站搭顺风车到双龙加油站下车，下车时不慎把录音笔落在副驾座位下。心急如焚的史蒂芬，两次到昆曲交巡警大队设在昆明北的警务站寻求帮助，由于近期大队监控正在维护，为了获取全面监控资料，警务站民警和辖区派出所取得联系，希望通过各自的监控资源找到丢失的录音笔，结果还是一无所获。
警务站民警将情况向上级部门汇报后，史蒂芬来到云南省公安厅交警总队指挥中心，调取查看了监控，晚19：46以后通过该卡口的车辆进行逐一排查。由于昆曲高速每天的车流量达6万多辆，卡口数据量大，指挥中心全体人员通力合作，加大排查力度，最终找到史蒂芬当晚乘坐的车辆，并帮忙联系到了车主，帮他找回了录音笔。（云报旅游）

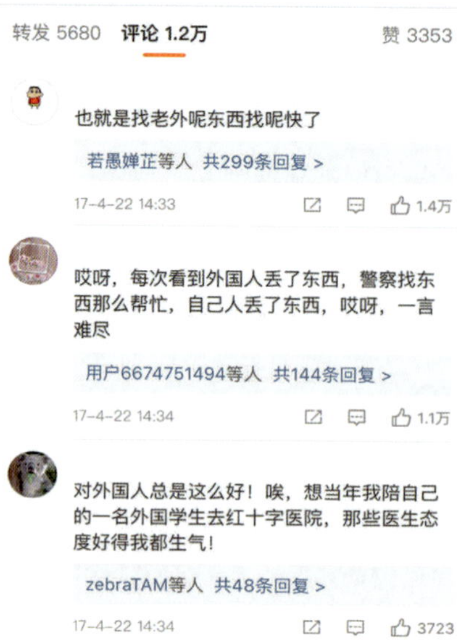

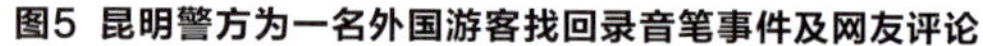

图5 昆明警方为一名外国游客找回录音笔事件及网友评论　　**图片来源：新浪微博**

4.2 建立良性的社会对话平台

新媒体时期，社会信任和共同信仰土崩瓦解，政府没有及时有效地在全社会范围内构建一个公共话语平台，社会阶层碎片化，使得现实社会和虚拟社会形成了一个个断裂的社会族群。由于缺乏有效的公共话语沟通机制，随着社会经济结构不断转型，各种分裂现象不断出现，如阶层分裂、价值观分裂、官民分裂、警民分裂、信任度分裂等，而在网络危机事件中弱势群体却总是处于被欺压的一方，弱势群体对上层的权势机构总是充满了嫉恨和不公的情绪，群体极化态势明显。鉴于此，为了通过彼此间的对话实现社会认同，社会群体必须共享创造群体记忆，提高集体认同感和荣誉感，通过良性的话语建构和符号互动来维持对话双方的平等性和公共性，进而达到一种理想的对话状态。

4.3 构建社会情感疏导机制

社会情感的形成是社会认同过程中最为重要的认知基础，而社会个体既成的刻板、固定印象和记忆则是促进社会情感和社会态度的重要认知框架，因此对管理部门来说，必须首先通过实现社会的公平和谐，改变社会个体的认知框架，改变目前的刻板印象，重新建构社会个体全新的认知框架，进而促进积极的社会情感形成。因此，在当前社会消极情绪主导的境况下，管理部门应该完善社会情感宣泄机制，变堵为疏，构建社会情感有效疏导机制。

4.4 健全利益表达与诉求渠道

网络危机之所以能够引起现实社会的广泛响应，并且会产生一些衍生危机，很大程度上在于现实社会中民众的利益表达与诉求渠道过于狭窄，尤其是广大弱势边缘群体的利益表达不畅，无法通过正常的渠道表达自身诉求。一旦现实社会中发现特定负面事件、现象和矛盾，便引起网民及自然人的迅速围观，从而加剧了网络危机的复杂性。因此，从长期的角度看，健全我国已有的利益表达机制，重视对弱势边缘群体的利益平衡势在必行。同时，还要充分利用网络本身的优势，使互联网成为广大弱势群体利益表达和诉求的正当表达渠道[14]。

4.5 重塑社会心理平衡

当前，我国正处于社会转型的关键时期，阶层分化日益突出，不同阶层之间利益与意识形态上的差异极易导致各种矛盾与冲突。社会心理不平衡一是由于当前社会转型期矛盾多发，另一个重要的原因是个体对于现实的不充分认知，不能正确、客观、全面地看待当前的一些负面社会现象。因此，在积极化解当前社会矛盾的同时，要通过各种措施和渠道，引导广大民众正确看待当前社会中的负面社会现象，在心理上尽快适应改革中形成的各种新的结构关系。

4.6 提高个体心理承受能力

社会大众心理是否和谐会影响到社会是否和谐，因此，需要建立行之有效的心理疏导机制。在当前社会，由于工作压力、生活压力、竞争压力不断增加，个体很容易产生焦虑、不满、愤懑等消极心理。如果这种情绪不能得以释放，很容易聚集成具有危害性的社会能量。因此，建立健全有效的心理疏导机制，提高个体心理承受力是促进社会心理和谐的必然要求。

5 结论

本文认为，在互联网背景下，旅游危机的发生是通过如下机制实现的：通过改变特定热点旅游危机事件情境下的信息传播秩序和话语规则，从而改变了危机利益攸关方的权力关系和危机中的权力运行机制。互联网使普通大众获得了前所未有的话语表达机会，影响到人们如何认识、想象、讨论和建构危机；互联网冲击了传统媒体时代由社会精英主导的话语权力规则，普通大众可以参与到权力规则制定中，并将权力主张转化为实际的社会行动。在这一机制中，由话语重构引发的权力关系重构体现了话语权的变迁。

互联网背景下，旅游危机与社会认同的关系也发生了变化。话语权的改变使社会认同得以重构。社会认同通过特定热点旅游事件的发生、集体记忆的“投射”、特定社会象征意义的赋予、社会情绪唤醒及小范围的社会认同形成及社会认同的形成五个阶段来实现。

参考文献

[1] 胡百精. 互联网、公共危机与社会认同[J]. 山东社会科学，,2016(04)：5-12.

[2] 史波. 移动互联网环境下公共危机信息传播行为的影响因素研究[J]. 情报杂志，2013，32(06)：14-18.

[3] 李九全，李开宇，张艳芳. 旅游危机事件与旅游业危机管理[J]. 人文地理，2003，18(06)：35-39.

[4] 武超群. 网络环境下公共危机治理研究[D]. 北京：中央财经大学，2016.

[5] 齐佳音，刘凌含，张一文，等. 突发性公共危机事件网络舆情态势演化内外源动力探究[J]. 情报科学，2015，33(11)：28-33.

[6] 付业勤. 旅游危机事件网络舆情研究：构成、机理与管控[D]. 泉州：华侨大学，2014.

[7] 陶蕴芳. 网络社会中群体政治认同机制的发生与引导[J]. 中州学刊，2012(01)：207-210.

[8] 同[1].

[9] 宋辰婷. 网络时代的感性意识形态传播和社会认同建构[J]. 安徽人学学报(哲学社会科学版)，2015(01)：149-156.

[10] 莫里斯·哈布瓦赫. 论集体记忆[M]. 毕然，等，译. 上海：上海人民出版社，2002.

[11] 李彪. 虚拟社会认同建构机制与引导策略研究[J]. 江淮论坛，2016(02)：138-142.

[12] Klandermans B. , Oegema D. Potentials, Networks, Motivations, and Barriers: Steps Towards Participation in Social Movements[J]. American Sociological Review, 1987, 52(4): 519.

[13] 同[11].

[14] 唐超. 网络舆情与现实社会的“动员—认同”模式研究[J]. 情报探索，2013(10)：1-5.

危机事件对旅游业的影响与反思：以“萨德入韩”事件为例

An Assessment of Crisis Impact on Tourism Industry: A Case Study of Korean THAAD Event

文 / 陈 楠 袁 箐

【摘 要】

近年来，政治危机事件对旅游业的影响范围与威胁逐渐增加，掌握和分析政治危机事件对旅游业的影响有利于危机管理策略的建立与完善。在回顾危机事件概念和类型的基础上，本文重点整理了“萨德入韩”事件的进程，剖析了中韩主流媒体舆论观点的社交网络联系并分析了近三年来的韩国入境旅游数据。研究认为，在“萨德入韩”的影响与作用下，中国的社会舆论对韩国入境旅游业产生了重要影响。鉴于此，未来危机事件的预防与管理应注重客源地社会的舆论管理，理性选择应对危机的方式，并重构因危机事件所产生的旅游目的地形象。

【关键词】

政治危机事件；中国赴韩旅游；萨德入韩事件；危机事件影响

【作者简介】

陈 楠 河南大学文化产业与旅游学院旅游管理系主任，副教授

袁 箐 韩国培材大学观光经营学院博士研究生

1 导言

旅游业的可持续发展受到诸多因素的影响，尤其是危机事件。近年来，全球旅游业的发展不断受到危机事件的影响，有自然灾害造成的危机事件，如环太平洋火山地震带的活跃对印尼巴厘岛、日本、巴拿马等旅游胜地的影响，埃博拉病毒对非洲旅游业的影响；也有人为活动造成的危机事件，如泰国的军事政变、法国巴黎的恐怖袭击等。无论何种危机事件，都会对目的地的旅游业产生深远影响。因此对旅游目的地而言，如何预防、在事件发生后及时止损并着力恢复目的地声誉与形象等等，是危机事件管理的重要“必修课程”。

2017年2月7日，韩国宣布将部署美国“萨德导弹防御系统”，建设用地将由乐天集团提供，中韩间政治危机爆发，中韩两国关系随之进入冰点，并使得长期处于中国出境旅游目的地前五位的韩国在极短时间内成为国人“最不受欢迎的旅游目的地”，旅行团、酒店、邮轮预订出现大规模取消或暂停，对中韩两国旅游业造成巨大影响。这也是继日本首相参拜靖国神社、香港“占中”事件后，又一引发出境游大规模减少或暂停的政治危机事件。从出境旅游的发展来看，赴韩游客的减少并未减弱我国出境游的发展趋势，但从旅游目的地管理的角度，韩国在上述事件中一再失当的处理措施，严重影响了本国旅游经济及相关产业的发展，并在中国游客心中留下了难以磨灭的“消极”印象，这一典型的危机事件管理失败案例值得重新审视与警示。

2 危机事件与旅游业

什么是危机事件？一些学者对危机事件语境中crisis与disaster的概念进行了讨论。保夏特（Pauchant）等认为危机事件（crisis）是一种对组织系统整体产生物理扰乱，并威胁到其基本假设、自我主观意识与存在核心的事件[1]；塞尔斯特（Selbst）认为危机事件（crisis）是对组织内部大部分职员、客户、部门察觉的有害的、干扰组织职能发展、计划目标实现、生存能力水平的任何行为或失误[2]；福克纳（Faulkner）认为crisis在某种程度上，其发生的根源是不当的管理结构和实践，或对环境变化的较差适应性造成的；而disaster却可以被定义为企业面临的较为突然的、不可预测的灾难性变化，基本处于丧失控制力的情况[3]。从以上定义的内容可知，危机事件的“源头”是相关定义的核心区别所在，源于组织本身的危机事件是crisis，可被感知与管理，而源于组织外部的危机事件是disaster，无法预测，难以管理。

表1 研究者对危机与灾害类型的定义

研究者	核心对象	尺度	分类
库姆斯(Coombs)[4]	Crisis	微观尺度	由极端自然灾害（地震、洪水、火灾）或恐怖袭击造成的职工疾病、流失、恶意违法等不当行为
伯内特(Burnett)	Crisis	宏观尺度	首先根据危机事件的时间压力（紧张/较小）和威胁等级（高/低）确定危机事件的性质，然后根据反应策略和控制程度（高/低）判断危机
芬克(Fink)	Crisis	阶段尺度	前兆期危机：已有危机发生趋势 发生期危机：危机已无法逆转，各类消极效应不断产生
帕森斯(Parsons)	Crisis	阶段尺度	即时性危机：没有预警的危机发生，使得组织无法即时处理问题或制订预防计划
罗伯茨(Roberts)	Disaster	阶段尺度	前阶段危机：预防危机的各种准备工作（例如增加管理计划或旨在降低潜在危机影响的计划制定） 紧急阶段危机：危机已经发生，降低人民财产安全的行动复杂且困难 中期阶段危机：社会与群众产生大量短期需求，恢复社会公共事业和必要服务成为主要任务 长期阶段危机：前一阶段的后续，无法被迅速解决的事项在本阶段内处理（如修复基础设施、环境问题、调研受灾群众、再投资战略制定、受灾情况汇总等），需要理性、稳健的安排与计划

注：内容根据里奇（Ritchie R W）[5]研究归纳整理而成

危机事件根据范围的不同，具有不同的类型（表1）。危机事件的微观尺度代表了其所产生的主要消极效应，宏观尺度主要描述了事件的危机与紧迫程度，而阶段尺度主要阐释危机事件的发展过程与核心要务。尽管学者们提出多种分类方式，但危机事件的判别却很困难，尤其是一些持续周期较长，地域影响范围巨大的事件（如英国的手足口病、中东国家的政教冲突等），相关事件发生地区的内部也可能处于不同的危机阶段。同时，无论何种类型的危机事件，受到时间压力、管理响应及不确定因素等各方面的制约，往往难以在短时间内取得良好的应对效果。因此，针对不同类型的危机事件制定管理与预防计划是十分繁杂却又异常必要的一项工作。一些无法预测的多变因素也制约了大多数国家的危机事件预防与管理工作进展。

危机事件对旅游业的破坏力是难以估量的，因为这种影响的直接或间接效应需要经过长时间才能复原。霍尔（Hall）通过回顾2010年之前的CABI Leisure Tourism数据库中有关危机、旅游危机以及不同类型的危机研究发现，财政、经济、环境、生态、生物多样性、能源、石油、政策和水资源是与旅游关联最紧密的危机事件产生因素[6]。尽管这些危机事件从发生到影响旅游业会有一段滞后期，但旅游者会因为以上危机事件在经济、安全、健康等问题上产生顾虑，并最终作用于旅游目的地的选择。根据联合国世界旅游组织

表2 2014~2018世界旅游人数/消费发展趋势及其影响事件

年份	国际旅行者（百万人）	年增幅（%）	旅游收入（十亿美元/年）	年增幅（%）	危机事件				
					经济危机	石油/能源	政治事件	健康事件	自然灾害
2010	940	6.6	919	8.0		国际原油价格重回80美元			海地7级地震；智力8.8级地震
2011	983	4.6	1030	12.1	欧债危机		本·拉登被击毙；卡扎菲被捕；金正日去世	日本强震引起核泄漏	日本9级地震；泰国洪灾
2012	1035	5.3	1075	4.7		伊朗石油禁运	希腊脱欧；伊朗核问题		
2013	1087	5.0	1159	7.8			美国“棱镜门”事件；朝鲜第三次核试验		台风“海燕”重创菲律宾
2014	1133	4.2	1245	7.4		国家原油跌幅超40%	乌克兰政治危机；ISIS突起；MH370失踪	非洲爆发埃博拉病毒	
2015	1186	4.7	1260	1.2	中国股市下跌；国际汇率波动异常		法国巴黎恐怖袭击	MERS爆发	
2016	1235	4.1	1220	-3.2	中国股市熔断	国际原油最低跌至26美元	德国、比利时、法国等国恐怖袭击；特朗普上任；英国脱欧		有记录以来最热的一年
2017	1323	7.1	1340	9.8	巴西、俄罗斯国内经济低迷		英国、土耳其等国恐怖袭击		美国飓风；巴厘岛火山喷发

内容来源：根据UNWTO（2011-2018）Tourism Highlights报告及Hall C M研究[7,8]归纳整理而成

报告显示（表2），2017年全世界旅游者达到132.3亿人次，较2016年增长7.1%，是自2009年经济危机以来旅游者数量增幅最高的一年，且高于该组织2010~2020年均3.8%增长率的预测；全世界旅游消费13400亿美元，较2016年增长9.8%，这与全球经济的回暖、恐怖主义的扼制、新兴经济体的出境旅游需求有较大关联[9]。综上所述，危机事件与旅游发展有着千丝万缕的联系，危机事件的威胁程度将对旅游业的发展产生或多或少的制约。在自然灾害无法有效预测，仅能进行预防的背景下，对因人为活动造成的危机事件的梳理与反思能够为该类旅游危机提供更有效率的应对借鉴与引导。

3 “萨德入韩”对中韩两国旅游业的影响

“萨德入韩”初始是一个政治事件，但很快，对该事件的抗议逐步扩大至民间，民众对在华韩企进行了严正抗议，社交媒体上出现诸多口伐笔诛，航空公司与在线旅游企业主动停飞大量赴韩航线并下架相关旅游产品，对中韩两国间的旅游业产生了深远的影响（图1）。根据本次事件的发生进展，该事件最初始于2014年6月驻韩美军司令请求在韩国部署“萨德”的提议；事件的酝酿期是2016年7月至2017年2月，韩国正式确认将部署“萨德”并选址；爆发期是2017年2月至2017年10月，“萨德”系统部署完成，中国政府强烈反对；缓和期是2017年10月至今，中韩协商将进行沟通，并逐渐恢复各领域交流合作。

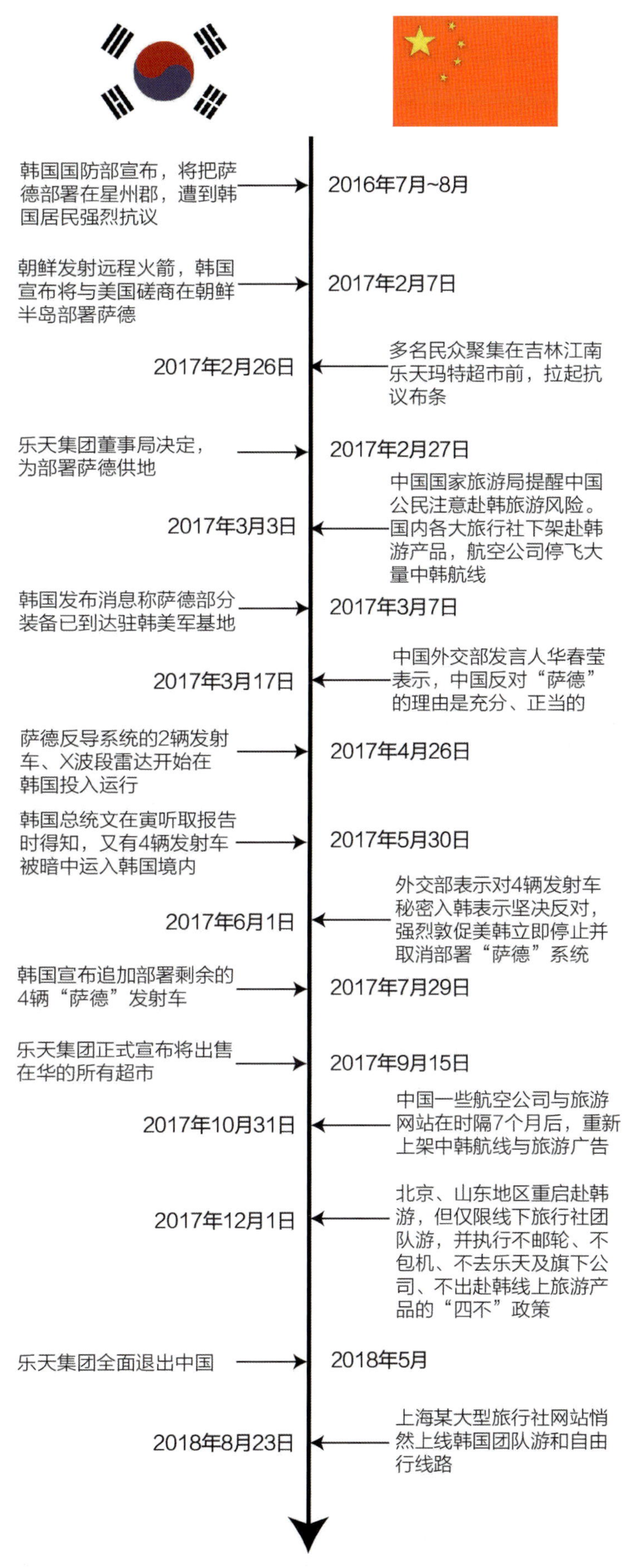

图1 “萨德入韩”事件进展 **内容来源：根据百度词条“萨德入韩”[10]及相关事实整理而成**

3.1 “萨德入韩”的舆论影响

新浪微博的认证媒体对新闻事件的报道具有客观性与公信力。本文通过新浪微博检索了认证媒体（大V）在2017年2月1日至2018年9月30日间，以“萨德”为主题的微博，初步得到1611条微博，剔除与“萨德”无关的微博后（如亚洲冠军联赛中存在卡塔尔萨德队等），得到实效中国媒体微博1432条，韩国媒体微博456条（新浪微博认证中国媒体主要以人民日报、南方报业传媒集团、新浪网、凤凰网、央广传媒、新华社、中新社、各地党和国家机关下属媒体构成；韩国媒体由朝鲜日报中文网和韩联社中文网两大韩国主流媒体构成）。接着，通过ROST CM6中的工具Content Mining对上述有效微博整理后的TXT文档进行词频统计，并过滤无效词汇，系统最终分别得到110个和129个有效高频词汇作为中国（图2）与韩国（图3）主流媒体对“萨德入韩”事件的观点分析内容，并形成社会网络联系图。

由中国媒体对“萨德”微博发文内容的高频词间社会网络联系图可知，萨德、部署、星州、驻韩美军、乐天、用地、国防部、中国、美国等词涉及“萨德入韩”事件进展的具体内容；报道、人民日报、环球时报、环球网、凤凰网、今晚报、媒体、头条等词涉及评论“萨德入韩”事件的权威中国媒体；旅游、旅行、韩旅游业、中国游客、免税店、化妆品、购物、韩国旅游、损失、报复、减少、济州岛、冲击等词涉及“萨德入韩”发生后中国赴韩出境游与韩国本地入境游的现状及影响；外交部、耿爽、发言人、中方、敦促、声明、坚决、反对、停止、态度等词涉及中国官方对“萨德入韩”事件的态度；乐天玛特、乐天集团、文化、业务、市场、抵制、损失、店铺、经营、企业、消费者、在华等词涉及“萨德入韩”对韩国在中企业经营发展的影响。即新浪微博中以“萨德”为主题的认证媒体博文集中于“萨德”事件进展、国内主流媒体对该事件的评价、中国的官方立场与态度、对中韩旅游业的影响、对韩国在中企业的影响这5类主题。

由韩国主流媒体对“萨德”微博发文内容的高频词间社会网络联系图可知，萨德、韩国防部、青瓦台、萨德入韩、乐天集团、国家安全、星州、防御、部署、末段、首脑会等词涉及“萨德入韩”的进展；韩

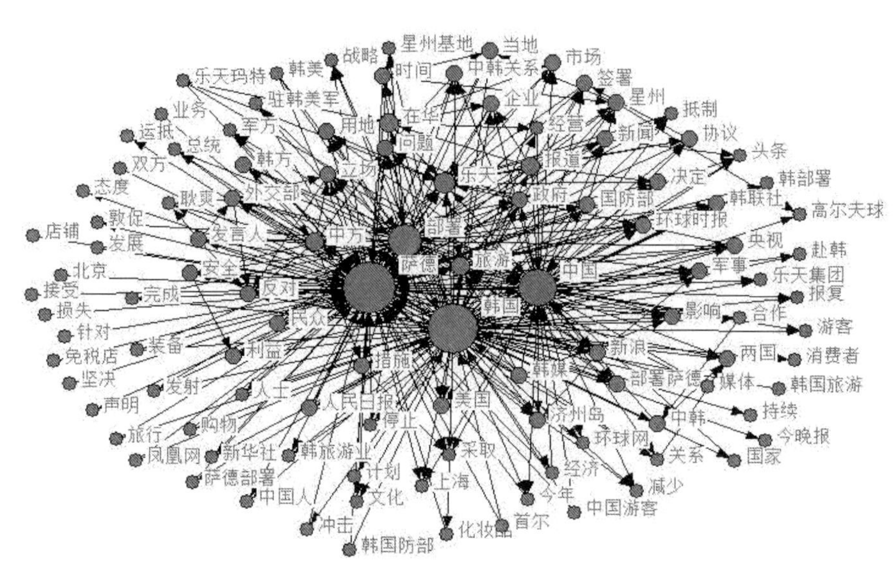

图2 认证媒体“萨德”主题微博的社会网络联系　　内容来源：根据ROST CM6分析结果整理而成

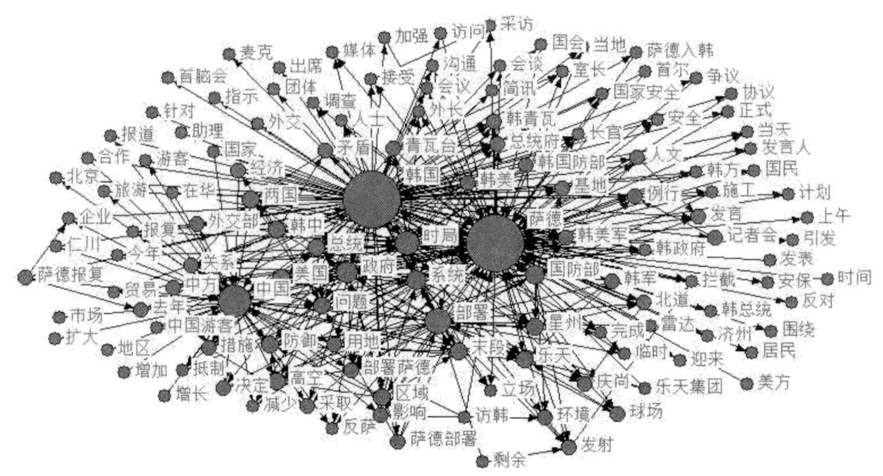

图3 韩国主流媒体“萨德”主题新浪微博的社会网络联系　　内容来源：根据ROST CM6分析结果整理而成

总统、总统、政府、临时等词涉及朴槿惠下台后、新总统选举及就任间政府对“萨德”的态度；团体、人士、矛盾、居民、引发、施工、沟通、环境、反对、国民等词涉及星州“萨德”基地地方居民对“萨德入韩”的抗议；中国、中方、萨德报复、球场、抵制、报复、高尔夫球、在华、市场等词涉及韩媒认为中国因“萨德”对韩国做出的抗议行为；中国游客、仁川、游客、旅游、北京、增加、增长、减少等词涉及“萨德”对韩国入境旅游业的影响。即新浪微博中以“萨德”为主题的韩国主流媒体博文集中于“萨德”部署进展、政府换届对“萨德”的影响、韩国政府与地方居民间的“萨德”矛盾、中国政府因“萨德”施行的反制措施、“萨德”对韩入境旅游业的影响这5类主题。

综合上述主题，“萨德入韩”事件进展与其对中韩旅游业的影响是两国媒体共同关注的议题。较“萨德”事件进展这种焦点议题而言，对中韩旅游业影响的讨论可以看作是由本次政治危机事件所引起的，由舆论主导的新“战场”。对比两国媒体对同一问题的态度，中国作为韩国入境第一客源国，主流媒体对该问题的描述是：公民因“萨德”问题降低了出境前往韩国旅游的意向，导致韩国入境旅游业呈现大规模萧条。然而，韩国媒体并未因中国游客的锐减而做出积极的解释与协调，而是在媒体前肆意讽刺中国游客的贪婪，大力鼓吹在东南亚新兴市场做好旅游宣传，借机改善入境客源成分，并指责中国游客减少对韩旅游业与各大免税店造成的损失。在一次又一次的舆论应对出现严重偏颇后，社交媒体上中国民众心中的韩国旅游形象一再崩塌，“由粉转路”甚至出现大规模抵制情绪，在两个韩国主流媒体的微博评论中时常可见义愤填膺的国人所表达的不满情绪。尽管中韩两国间正协议改善双边关系，但本次政治危机对国人的“创伤”却很难被抚平。

3.2 对韩国旅游业的影响

面对舆论所受到的伤害，中国游客做出了慎重的选择。韩国旅游业在“萨德入韩”事件后再次经历“滑铁卢”。据世界旅游组织年度旅游提要（UNWTO Tourism Highlights）东北亚地区数据显示（表3），在经历2015年MERS（中东呼吸综合征）影响后，2016年韩国旅游业全面复苏，入境旅游者增长30.3%，收入增加13.1%，入境旅游者人数创造历史最高水平。然而，仅仅一年之后，韩国旅游业重新回到三年前的规模，入境旅游者人数降低22.7%，入境旅游业收入降低22.0%，世界旅游组织认为，造成入境旅游规模降低的重要原因是中国游客的减少[11]。

那么韩国入境旅游业的发展危机是否是由“萨德入韩”造成的呢？这一情况可以从韩国旅游发展局的相关统计数据中找到端倪（图4~图7）。

由图4可知，2016年韩国入境旅游者人数自1月逐渐上升，7月最高曾达170.3万人，年末下降至130万人/月左右，是自MERS病情后的恢复增长期；2017年1~2月，仍比2016年同期实现增长，但在“萨德入韩”爆发的3月，入境旅游者人数却比去年同期还低约15万人左右，此后呈断崖式

表3 2014~2017年韩国入境旅游发展

时间	入境旅游者人数(万人)	较上一年增长(%)	占亚太地区旅游者比例(%)	入境旅游业收入(亿美元)	较上一年增长(%)	占亚太地区旅游收入比例(%)	危机事件
2014	1341.3	39.4	5.4	181.5	24.1	4.8	
2015	1323.2	-6.8	4.7	152.1	-16.2	3.7	MERS
2016	1724.2	30.3	5.6	172.1	13.1	4.7	
2017	1333.6	-22.7	4.1	134.3	-22.0	3.4	萨德入韩

数据来源：UNWTO（2011-2018）Tourism Highlights[12]，入境旅游者指International visitors arrivals at frontiers

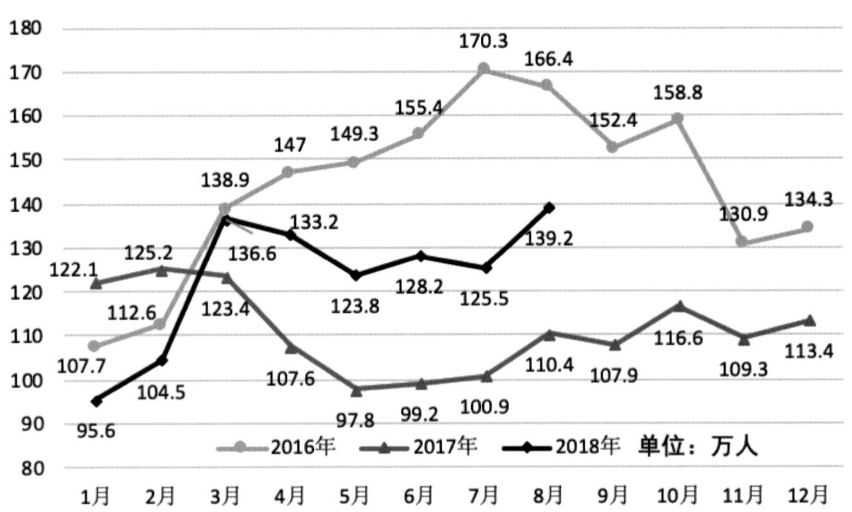

图4 2016~2018（8月）韩国入境旅游人数分月数据 数据来源：根据韩国旅游发展局统计数据整理而成[13]

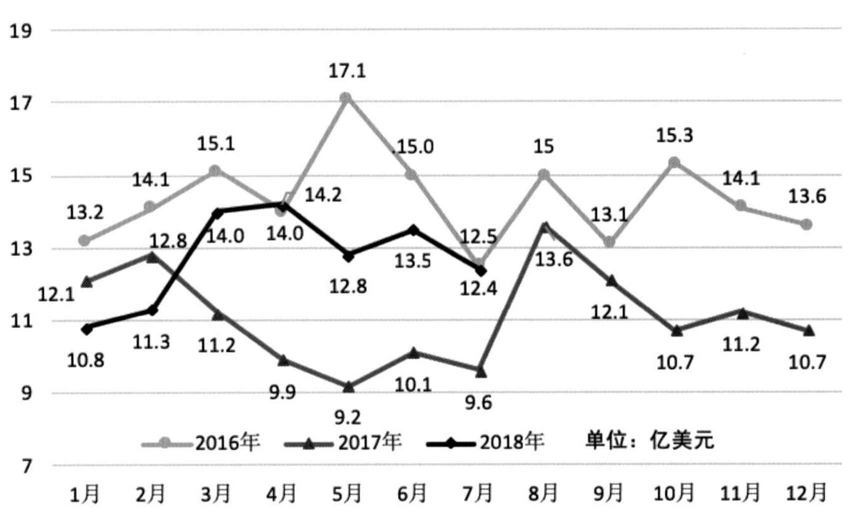

图5 2016~2018（7月）韩国入境旅游收入分月数据 数据来源：根据韩国旅游发展局统计数据整理而成[14]

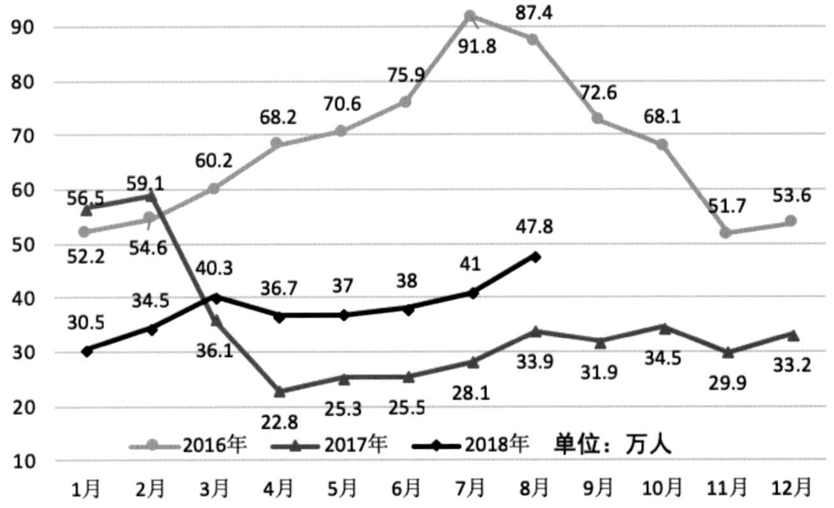

图6 2016~2018（8月）中国入境韩国旅游者人数 数据来源：根据韩国旅游发展局统计数据整理而成[15,16]

下跌，持续一年，直到2018年3月才勉强接近2016年同期水平，年初举办的平昌冬奥会显然也未为韩国带来可观的入境旅游人数。期间，极端差值在2017年7月，与2016年同期相比，降低70万人左右，降幅达40.8%。截至2018年8月，韩国入境旅游者人数虽自同年3月起，已高于2017年同期水平，但仍远低于2016年同期水平。由此可知，2017年3月至2018年3月整整一年为韩国入境旅游的巨幅震荡期，3月至今为缓慢恢复期。与此同时，图5相应期间内韩国入境旅游者的消费趋势也基本相同。自萨德事件爆发后，2017年3月至7月间的入境旅游收入急剧下降，5月的消费同比跌幅达46.2%，尽管8月、9月一度接近恢复到2016年同期水平，但低位震荡的趋势（10~11亿美元/月左右）仍保持到2018年2月，自3月起，入境旅游消费水平逐渐与2016年同期迫近。

从韩国的整体入境旅游人数与消费情况来看，“萨德入韩”期间，韩国入境旅游业的发展确实经历了一段较大幅度和较长时期的震荡。图6和图7有关中国游客入韩的详细数据，则更佐证了世界旅游组织的判断。2016年期间，中国入韩游客保持在月均51万人以上，暑假期间是中国赴韩旅游的顶峰时期，峰值一度达到91.8万人，全年赴韩游客达806.8万人。2017年1~2月间，入韩中国游客也同期增长了约8.2%。在萨德事件发生后，入韩中国游客迅速减少，4月入韩游客仅有22.8万人，同比跌幅66.6%。尽管10月中国一些航空公司已经恢复了一些航线，但入境游客仍处于低谷

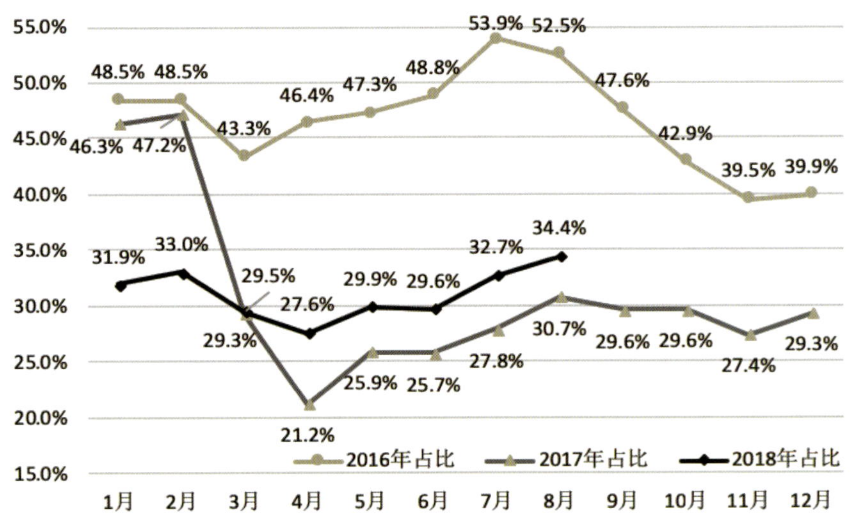

图7 2016~2018（8月）中国入境韩国旅游者占总体韩国入境旅游者比例
数据来源：根据韩国旅游发展局统计数据整理而成[17~19]

图8 首尔明洞乐天总店中人头攒动的中国游客 **袁箐/摄**

时期，2017年赴韩中国游客总量仅为416.9万人，同比降低48.3%，接近“腰斩”。直到2018年平昌奥运会期间，赴韩中国游客才突破34.5万人关口，开始缓慢增长。2018年8月，时隔17个月后，中国上海的春秋国旅、锦江旅游、中青旅等几家旅行社重新上线入韩团队游和自由行产品，当月赴韩中国游客数显著回暖（图8）[20]。截至2018年8月底，今年赴韩中国游客总数已达305.9万人，本年度赴韩游客人数的总体上升趋势已成定局。图5是中国游客在韩国入境游客总数中的占比情况，2016年，中国游客基本占韩国入境外国旅游者总数的40%~50%，旺季时超过一半，淡季时也占近4成，全年总体占比46.8%。“萨德入韩”后，中国游客占入境旅游者的比例也随之下滑，一度低至2成，2017年总体占比下降到31.3%，在2018年的政策利好下，截至8月底，中国游客占同年入境旅游者总量的31.0%。

纵观“萨德入韩”后中国游客的锐减过程，大致可以分为三个阶段。第一阶段，恶化期（2017年3月至7月），期间因萨德事件交涉而造成游客迅速减少；第二阶段，僵持期（2017年8月至2018年2月），赴韩中国游客进入稳定期，不再下降，整体平稳；第三阶段，破冰期（2018年3月至今），随着两国政治间的回暖，平昌冬奥会中国代表团取得的优异成绩及下一届冬奥会由北京承办等诸多利好因素的影响下，赴韩中国游客数量逐渐回暖。超过一年半时间的旅游双边关系冰点，对韩国旅游业是一种切肤之痛。由接近“半壁江山”到“三分天下”，韩国失去的不仅是中国游客，还有本土旅游经济的沦陷，游客锐减造成免税店销售量严重下滑。据腾讯财经援引韩国地方报告称，2017

年乐天免税店(明洞总店)销售额比2016年减少10亿韩币(约610万人民币),利润仅为25亿韩币(约1530万人民币),较2016年3301亿韩币(约20亿人民币)的利润下降99.2%,创历史最低水平[21]。同年9月,位于韩国京畿道平泽港的韩亚免税店因赴韩游客人数暴跌导致无力续租宣布倒闭,这里曾是中国赴韩邮轮游的三大港口之一。

4 危机事件对旅游业影响的反思与启示

随着"萨德入韩"事件的发展,政治危机事件逐渐成为旅游危机事件,中国游客对韩国与赴韩旅游产生了不小抵制情绪。在多重因素的影响下,韩国入境旅游业遭受了巨大的打击,对旅游业影响的时间及范围在国际上也是罕见的。

由于危机事件的发生时间和性质具有极大的不确定性,旅游业在应对危机事件所造成的影响时要扎实地做好针对性的应急预案,并尽早脱离危机事件的影响范围,最大限度地降低危机事件所带来的风险与损失。

首先,由政治危机事件经舆论影响而催生的旅游危机事件值得警惕。"萨德入韩"早期仅为一个政治危机事件,在韩国官员和媒体发表失当言论后,新浪微博等主流社交媒体上出现了对韩国的强烈抵制与不满情绪,继而发展为抵制赴韩旅游。这与香港"占中事件"所引发的舆论声讨及旅游抵制活动极其类似[22]。因此,旅游职能部门应注重危机事件发生时的网络舆论走向,警惕可能影响旅游业发展的潜在危机事件舆论爆发点。

接着,面对危机事件需理性选择应对方式。韩国在面对因中国游客抵制而出现的入境旅游危机时,并未积极挽救旅游形象,仍以免税店购物、医疗等消费热点作为噱头,甚至转而发力东南亚新兴市场以振兴旅游。这种非理性的应对方式不仅不能缓和中国游客的韩国旅游形象感知,反而降低了游客对韩国旅游业质量和深度的认知水平。

最后,危机事件恢复期需深度反思并有针对性地重构旅游目的地形象。危机事件的消极影响尽管会随着时间的推移而逐渐减少,但游客对旅游目的地形象的消极感知却可能会随某些新事件的产生而再度被激化(例如社交媒体热点的出现或周年祭)。因此,解构游客对旅游目的地的"短暂"消极刻板形象,并重构成可信赖的新形象是职能部门及危机事件管理者在危机事件后期的重要任务。

基金项目

国家社科基金项目(12CGL057);国家留学基金委国家建设高水平大学公派研究生项目(201708410142)。

注释

《朝鲜日报》是韩国历史悠久、发行量和影响力均较高的新闻媒体;韩国联合通讯社是韩国最大的官方通讯社,地方新闻采集排名韩国首位。

参考文献

[1] Pauchant T., Mitroff I. Transforming the Crisis Prone Organization [M]. San Francisco CA: Jossey-Bass Publishers, 1992.

[2] Faulkner B. Towards a framework for tourism disaster management [J]. Tourism Management, 2001, 22(2): 135-147.

[3] Faulkner B., Vikulov S. Katherine. Washed out one day, back on track the next: A post mortem of a tourism disaster [J]. Tourism Management, 2001, 22(4): 331-344.

[4] Coombs T. Ongoing Crisis Communication: Planning, Managing and Responding [M]. Thousand Oakes, CA: Sage, 1999.

[5] Ritchie B. W. Chaos. Crises and disasters: a strategic approach to crisis management in the tourism industry [J]. Tourism Management, 2004, 25(6): 669-683.

[6] Hall C. M. Crisis events in tourism: subjects of crisis in tourism [J]. Current Issues in Tourism. 2010, 13(5): 401-417.

[7] 同[6].

[8] UNWTO. 2011-2018Tourism Highlights [EB/OL]. UNWTO Press Release, https: //www.e-unwto.org/action/showPublications?category=10.1555%2Fcategory.40000037.

[9] 同[8].

[10] 百度百科. 萨德入韩[EB/OL]. https://baike.baidu.com/item/萨德入韩/20468673?fr=aladdin.

[11] 同[7].

[12] 同[7].

[13] 韩国旅游发展局（Korea Tourism Organization）. 年度统计数据（1975–2017）[EB/OL]. https：//kto.visitkorea.or.kr/kor/notice/data/statis/profit/board/view.kto?id=379522&isNotice=true&instanceId=294&rnum=0.

[14] 同[13].

[15] 韩国旅游发展局（Korea Tourism Organization）. 各国出入境月度统计数据（1984–2017）[EB/OL]. https://kto.visitkorea.or.kr/kor/notice/data/statis/profit/board/view.kto?id=423699&isNotice=true&instanceId=294&rnum=0.

[16] 韩国旅游发展局（Korea Tourism Organization）. 2018年8月月度旅游统计数据[EB/OL]. https://kto.visitkorea.or.kr/kor/notice/data/statis/profit/board/view.kto?id=430269&isNotice=false&instanceId=294&rnum=1.

[17] 同[13].

[18] 同[15].

[19] 同[16].

[20] 腾讯财经. 时隔17个月，因“萨德”事件暂停的上海赴韩游正式重启[EB/OL]. https：//finance.qq.com/a/20180823/045346.htm.

[21] 同[20].

[22] Luo Q.，Zhai X. "I will never go to Hong Kong again！" How the secondary crisis communication of "Occupy Central" on Weibo shifted to a tourism boycott[J]. Tourism Management，2017，62：159–172.

基于因果图法的漂流景区旅游应急管理研究：以“5.28”台山市漂流事件为例

A Research on Safety Control of White Water Rafting Based on Track-Cross Theory: A Case Study of May 28 Phoenix Gorge Accident in Taishan City

文 / 卢文刚 温超敏

【摘 要】

夏季来临，水上旅游尤其是水上漂流项目成为全国各地旅游景点热销的一个促销点，随着人们对漂流项目的热度升温，被媒体所曝光的漂流安全事故频发、多发。本文选取“5.28”广东台山市凤凰峡漂流景区突遇山洪事件为典型案例，以复杂系统事故理论为基础，建立因果图模型,探讨事故成因，阐述事故存在的不安全行为与不安全状态。在剖析导致事故的要素后，从夯实基础，消除生态环境的不安全状态；内外兼修，健全部门非安全监管体系；三项并举，补牢组织方不安全管理漏洞；四方协同，规范约束游客非安全行为提出漂流景区安全事件预防与应急处置的措施建议。

【关键词】

漂流安全；景区应急管理；山洪灾害；因果图法

【作者简介】

卢文刚 暨南大学应急管理学院副教授、研究生导师,暨南大学公共安全教育政校企协同创新促进会会长

温超敏 暨南大学应急管理学院硕士研究生

1 导言

党的十九大报告指出，中国特色社会主义进入新时代，我国社会主要矛盾已经转化为人民日益增长的美好生活需要和不平衡不充分的发展之间的矛盾，人民对于美好生活的需要，催生对于多元、高质、跨界文化产品的需求。作为特种旅游活动，漂流这种“有惊无险”的项目迎合当代人追求时尚、勇于挑战的个性，以挑战性和刺激性为营销卖点，得到许多游客青睐，是消费升级催生的新需求。漂流运动曾是人类的一种原始涉水方式。在我国，漂流旅游项目起步于1986年5月张家界茅岩河景区，在消费升级、经济结构调整的大环境助推下，发展至今已有1000多家大大小小经营漂流项目的企业遍布全国各地。对于游客而言，惊险性是一大卖点，但安全性是一切旅游项目和旅游景点可持续发展的基本前提。由于我国漂流企业几乎都由私营企业投资经营，门槛低、投入少，整个行业呈现良莠不齐、乱象丛生的现象。过往一段时期，漂流旅游项目可概括为四个“无”：无标准、无验收、无审批、无监管[1]。只要办个工商营业执照，就可以开门经营。漂流行业在风险评估与防范、安全保障、资源开发、景区规划、规范管理等诸方面存在许多亟待探讨和改进的地方。

作为一项特种旅游活动，漂流运动较之非特种类旅游活动，存在更多未知的安全隐患与风险，若不加以重视并及时做出相应引导规范，安全问题将成为制约该行业发展的一大致命“瓶颈”，给各漂流景区带来严峻挑战[2]。以景区漂流项目为例，每年夏季是漂流项目安全事故的高发季，近年来漂流景区旅客伤亡事件具体如表1所示。

由此可见，虽然漂流遇险事件不是一类新型的旅游突发事件，但已呈现出多发、频发的态势，造成人员伤亡的案例不在少数。现在一些游客玩漂流图的就是刺激，往往越惊险刺激的漂流项目，入场票卖得越贵、越火爆[3]。许多景点也干脆投其所好，盲目追求项目的惊险，为此后漂流旅游的发展埋下安全隐患。因此，漂流项目的风险防控与安全管理作为推动旅游事业蓬勃发展的重要内容，研究如何预防此类事件的发生以及如何在事发后有效应急处置，对于保障游客的生命财产安全、推动漂流旅游事业健康可持续发展以及构建和谐社会都具有重要的现实意义。

表1 近年国内漂流景区旅客伤亡事件简表

事发时间	事发景区	致险过程	伤亡后果
2012.8.12	号称“天下第一漂”的平江县连云山漂流景点	持续下雨导致水势过猛以及电闸电线烧毁，阀门失灵	50余名游客在漂流中受伤，其中3人骨折重伤住院
2013.7.14	江西省宜春市明月山风景名胜区	台风“苏力”过境江西，风景名胜区内暴雨如注	山洪将载有27名游客的十几艘漂流船掀翻，多人受到不同程度伤害
2014.6.11	宜昌市兴山朝天吼漂流景区	途中遇激流，所乘皮筏翻船	一名女游客扣入水下被激流卷走，并多次被撞击
2014.6.29	平果县鸳鸯滩漂流景区	一起游客落水事故	一名60多岁的女游客不幸遇难
2014.6.29	柞水峡谷第一漂景区	景区在未通知的情况下，提前关水闸导致水位变浅，漂流筏侧翻	一女游客掉入水中磕在水中的石头上，头部严重受伤，缝了200多针
2014.7.14	广西来宾市金秀瑶族自治县忠良乡天堂山	漂流河突发山洪	8名游客身亡，9名游客受伤
2016.5.28	广东江门台山市端芬镇凤凰峡旅游区	台风带来强降雨，数十名游客漂流遇到山洪暴发	事故造成8人死亡，10人受伤
2017.8.8	安徽省宣城市宁国市青龙双河漂流景区	漂流筏在暗道内挤压造成翻船的安全事故	漂流筏上3名游客受伤
2018.7.28	石头咀镇龙潭峡漂流景区	滑送通道入口处一处水管爆裂，水进入滑送通道，致使进入滑送通道的游客相互碰撞	事故造成27名游客脚趾、脚踝、腰部等处受伤

2 典型案例分析："5.28"台山市漂流景区安全事故分析

2.1 事件演化概况

每年6月是全国"安全生产月"。2016年5月28日，就在"安全生产月"到来之前，广东江门台山市凤凰峡景区发生了一起严重的安全生产事故——漂流河道突发山洪造成群死群伤。27日下午至28日上午，江门市普降大到暴雨。台山市气象局先后发布暴雨蓝色预警信号、暴雨橙色预警信号，提示防御强降雨及其引发的山洪、山体滑坡等灾害暴雨预警。因对台风的影响有所顾虑，该局还用短信以及电话方式通知台山海滨浴场负责人明确管理要求。但层层预警、信息告知却未能阻挡"夺命漂流"照常营业。

28日13时左右，景区金凤凰公司副总经理成某带领两名员工一同前往起漂点，在观察起漂点上游蓄水坝的水位后，认为水位正常。13时25分，景区决定漂流项目照常开放，并电话通知景点售票处员工开始售票、接待游客漂流，共售出漂流门票103张（事发时实有87名游客现场参加漂流活动，其中，大方旅行社带团56人、腾飞旅行社带团29人、散客2人）。13时40分左右，由大方旅行社游客组成的第一批游客到达起漂点，在向参与漂流的游客讲解穿戴安全头盔和救生衣的要求后，第一批游客开始漂流。随后，腾飞旅行社及散客先后分批到达起漂点，并开始漂流。

14时15分，景区开始下大雨，成某在起漂点发现漂流河道两边山体不断有黄泥水涌下，随即叫员工到蓄水坝观察水位，到达蓄水坝时发现水位已经达到2.9米，而且越来越高，在上游甚至有大量洪水从两边山涧和正面向蓄水坝涌来。异常情况发现后，景区停止漂流、组织正在漂流的游客迅速上岸，并通知售票处员工停止售票。随着蓄水坝水位不断迅速上升，大量洪水漫过坝顶涌入漂流河道，前期进行漂流的游客发现河水变得混浊、水流变急，便停止漂流，并分别自行或在景区工作人员的协助下离开漂流艇上岸开始沿山路离开。后期进行漂流的游客在漂流河道被工作人员拦住并开始上岸时，上游的洪水突然涌来，将未离艇的游客和部分已离艇未及时离开河道的游客冲往下游。

事发当天，江门市市长、副市长等市领导均到现场组织指挥救援及善后处置工作，400多名警力和大批救援设备，分成6个搜救小组对6个地段开展地毯式搜救。至5月29日13时，最后一名失踪者已找到并确认死亡，搜寻工作结束。此次漂流遇险事件共造成8人死亡，10人受伤。以"一对一"方式开展遇难者家属接待安抚工作，并对10名伤者进行进一步诊疗和心理疏导。6月8日，全部遇难者家属已签署理赔协议，各项事故善后工作全面完成（图1）。

2.2 理论分析框架

事故是指违背人的意志而发生的意外事件。由于事故具有突发性、偶然性、破坏性和复杂性等特征，一旦在旅游活动过程中发生，必将威胁到游客安全。

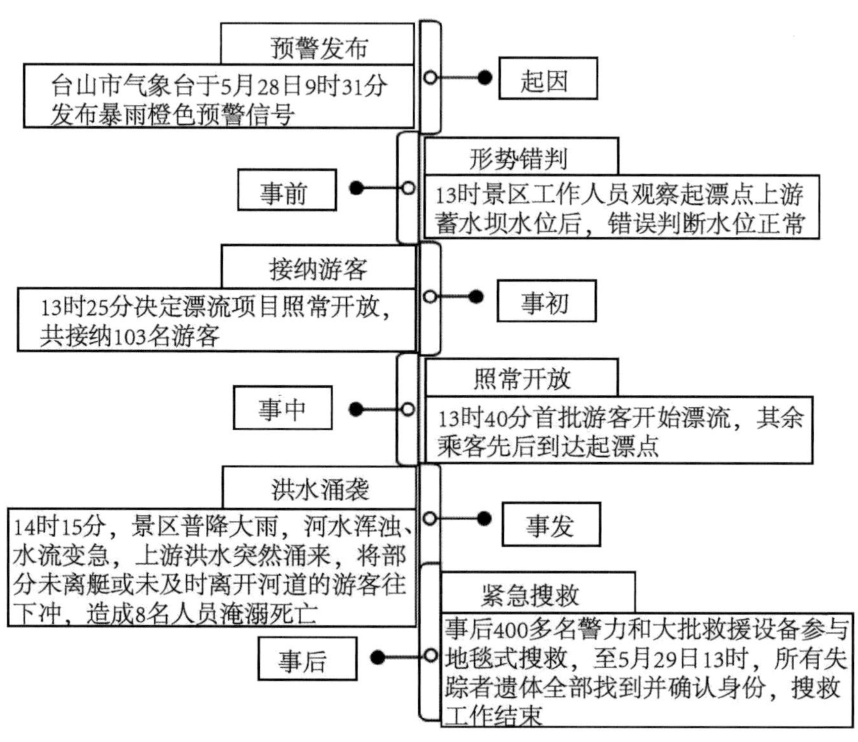

图1 景区漂流安全事故演化流程图

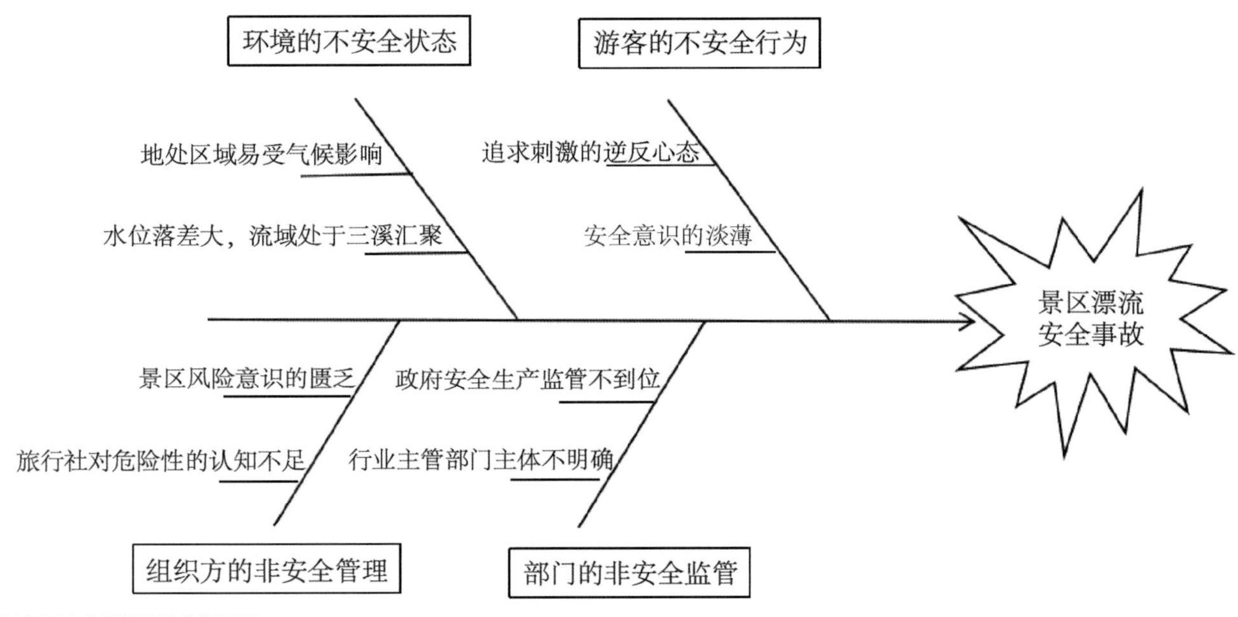

图2 漂流景区安全事故理论分析框架

随着生产技术的提高以及事故致因等理论的发展完善，人们对于人和物两种因素在事故致因中的认识发生了很大改变[4]。约翰逊（W.G.Jonson）认为，判断到底是不安全行为还是不安全状态，受研究者主观因素的影响，取决于他认识问题的深刻程度。许多人由于缺乏有关事故方面的知识，把由于人失误造成的不安全状态看作是不安全行为。一起伤亡事故的发生，除了人的不安全行为之外，一定存在着某种不安全状态，并且不安全状态对事故发生作用更大些。隋鹏程（1982年）提出“伤亡事故分析与预防原理”，指出人的不安全动作和机械或物质危害是人机“两方共系”（两个方面共存于一个系统）中能量逆流在时间地点上的轨迹交叉点，并详细描述了发生事故的轨迹交叉原理[5]。20世纪90年代初,曼彻斯特大学教授詹姆士（James Reason）在其专著*Human Error*中首次提出复杂系统事故因果模型，即Reason模型(又称“瑞士奶酪模型”)，认为事故发生是由“组织影响、不安全监督、不安全行为的前提条件和不安全行为”同时失效所导致的[6]。事故致因理论以及众多事故表明，复杂事故发生发展并非如多米诺骨牌那般呈线性发展，而是系统内外多重因素综合交互引发[7]。随着旅游产业规模的日益发展，景区潜伏的各类风险因素以及面对的公共安全问题不断增多，针对旅游突发事件预防与处置，涉及事故因果关系理论应用的相关成果日渐丰富[8]。发展至今，以多米诺学说、多因素学说、能量转移学说以及“征象与原因”学说为主的事故致因理论为复杂事故原因查明、安全评价以及预防决策提供了重要思路，而理论本身也在实践中得到不断完善发展。为了有效理清思路，揭示事故发展衍生的机理，本文选取因果图作为典型事件阐述的具体结构模型。因果图由日本管理大师石川馨提出，故又名“石川图”，是一种发现问题“根本原因”的方法，将导致事故发生的各种原因进行归纳、分析，通过带箭头的线，将问题与原因之间的关系表示出来，也称“鱼刺图”。本文结合事故致因理论，剖析“5.28”台山凤凰峡漂流景区突发事件，分析框架如图2所示。

2.3 基于因果图理论框架的案例分析

漂流景区突遇山洪是一起典型偶发且非单一因素导致的事故。此次“5.28”台山漂流景区旅游安全事故的起因物并非由某种单一致灾因子或复杂的孕灾环境所引起的，以复杂事故理论为切入点，为我们分析与揭示多重因素下综合交互产生的旅游安全事故提供了研究框架和思路。

2.3.1 环境的不安全状态

2.3.1.1 地处区域易受气候影响

环境的不安全状态即所处地理位置和外部气候特点产生的威胁，表现在自然灾害的侵袭。凤凰峡漂流景区地处江门台山市端芬镇，而江门市处于珠江口西岸，属亚热带低纬地区，受海洋性季风影响，气候温暖多雨，常年年降水量有1900~2000毫米，每年4~9月是汛期，全年80%以上的降水出现在这段时期。7~9月是台风的活跃期，江门台风时空分布不均匀，有的年份有4~5个，有的全年无台风。如在江门沿海或附近地区遭遇登陆台风，常伴暴雨到大暴雨甚至特大暴雨和12级风，产生严重的气象灾害。这类常见的骤发自然灾害包括暴雨、台风、洪水、滑坡、泥石流等，构成漂流景区自然环境的不安全状态。事发致灾因子山洪是山区溪沟中发生的暴涨洪水，具有突发性、水量集中且流速大、冲刷破坏力强等特点，往往在人们未来得及反应或做好临时应急响应时，就能对事发区域造成巨大的安全事故，严重后果几乎无法估量。

2.3.1.2 水位落差大，流域处于三溪汇聚处

一些景区在宣传上，过分强调河流落差大、水流湍急，漂流里程长，以此作为自家景区的卖点，殊不知这也正是安全风险所在。凤凰峡漂流流域位于三条山溪汇聚处，平日依靠上游水坝保证流域径流的平稳，但遇到降雨丰沛或台风频发的季节，难以保证流域不会出现河水暴涨现象，加之水位落差大，暴涨河水势能大。经调查，受南海热带低压影响，距离事发区域最近的两个监测站[9]大隆洞水库站以及莲湖村委元潭村田坑站5月27日20时至28日20时累计雨量均为暴雨级别，最大降水时段均发生在5月28日12时至15时。根据专业测量队提供的测量数据，事发时河道洪峰流量约85.1立方米/秒，是正常漂流时河道平均流量（2立方米/秒）的42.55倍，短时强降雨导致河道流量剧增，形成山洪。

2.3.2 游客的不安全行为

2.3.2.1 追求刺激的逆反心态

首先，当前部分漂流游客为了体验更为刺激的感觉，刻意追求高风险旅游感受，增大了危险事故发生的可能性。在现实中，我们经常看到有些游客不顾生命安全去寻求新的刺激体验，这种逆反心理与马斯洛需求理论观点恰恰相反，包括探险运动、野外生存、峡谷漂流甚至囊括今时今日的“作死自拍”等在内的一批奇、特、惊、险项目，往往在追求刺激的年轻一辈中成为追求时尚的标志。事发流域在平日没有涨水的情况下，桥洞很高，容易通过；但出事期间，雨水倾盆、河水暴涨，漂流的游客必须低头趴下才能通过桥洞。当事游客群体中不乏具有追求刺激心态者存在，越是汹涌的河水、越是极速的漂流，越能激发起心中对于大自然征服的欲望，然而这种过分追求刺激的代价往往是旅游（漂流）者自身的人身安全（图3）。

2.3.2.2 游客安全意识的淡薄

此次漂流乘客也为自己的不安全行为付出了惨痛的代价。在出游前，没有考虑到凤凰峡景区在此期间处于汛期，可能会出现暴雨、河水骤涨等突发安全情况，对于出事地

图3 惊险的漂流比赛 Rune Haugseng/摄

点没有提前了解气象情况、地形地势，做到心中有数并做些应有的准备；去到漂流景区，没有认真阅读安全手册，及时穿戴相关安全着装，为自己的生命加上“保险”；面对突如其来的大暴雨，理性的思维已经暗示前方流域存在各种不确定的危险因素，有一定的安全风险，但内心的纠结与斗争敌不过一念的贪玩和侥幸，最终酿成悲剧。

2.3.3 组织方的非安全管理

2.3.3.1 景区风险意识匮乏

组织方的不安全行为是引发此次事故的直接原因。景区工作人员主观心态容易受周围环境及以往经验影响，往往难以对未知状况有足够监测预警。因此面对市气象局的多次暴雨预警信号以及潜在安全威胁提示时，景区工作人员都无视危险因素或者风险隐患，持有侥幸规避风险心理，防范意识明显不足，继续“开门做生意”。事发期间尽管流域倾盆大雨、河水暴涨以及存在游客对于安全性的质疑，依然摆出“临危不乱”“处事不惊”的态度，催促游客赶紧下水漂流。这种极不负责任的行为反映出景区工作人员缺乏基本的风险意识、专业的安全知识以及职业修养，对于游客的生命安全极不负责。在漂流活动不具备安全生产条件的情况下，依然冒险开展漂流活动，违反了《安全生产法》《广东省经营高危险性体育项目体育场所开放条件与技术要求》和《广东省突发气象灾害预警信号发布标准及防御指引》等多项法规条例。

2.3.3.2 旅行社对潜在威胁认知不足

事故相关单位如深圳市腾飞旅行社以及江门市大方旅游国际旅行社，也应承担事件的主要责任。两所旅行社对恶劣天气下进行漂流活动的危险性认识不足，在气象部门发出暴雨橙色预警信号后，盲目听从金凤凰公司（即景区所属公司）安排，没有采取防止危害发生的必要措施，违反了《旅行社条例》规定。此外也违反了该公司制定的漂流注意事项，未对游客年龄、身份严格把关，未采取相应的劝导和安全保障措施，分别组织29名、56名游客参与高危险性的漂流项目，遭遇突发山洪，间接导致所带团的游客出现淹溺死亡或不同程度受伤。

2.3.4 部门的非安全监管

2.3.4.1 政府安全生产监管职责落实不到位

安全生产监督主管部门不作为导致“环境”与“人”的不安全因素成倍增加，极大增强了承灾体脆弱性[10]。端芬镇人民政府安全生产监管职责落实不到位，未能严格按照《中华人民共和国安全生产法》要求，对本行政区域内生产经营单位的安全生产状况开展全面、深入的监督检查。部署安全生产工作针对性不强，忽视对安全生产隐患的直接排查，监督检查力度薄弱，对事发企业监管不力，致使该企业缺乏风险意识，事发前无论导游还是风景区工作人员，都没有对当天天气情况及相关安全注意事项做出提醒，漂流游客事发前依然“畅通无阻”。

2.3.4.2 行业主管部门主体不明

由于属特种旅游活动，漂流项目的归口主管部门存在不明确性：漂流旅游的经营相关牌照由体育部门按照国家体育总局高危行业的管理办法颁发，而安全生产监管则由当地的旅游主管部门负责。另外，漂流河道及皮划艇的管理使用又涉及水道航运部门。多部门共管，最后变成没人管，任其随意“漂流”，致使伤亡悲剧再三重演。不仅给景区游客带来重大的生命和财产损失，而且导致有关职能部门不作为、不履职的现象频发，降低人民群众对政府公共部门的信任度。尽管事后时任台山市体育局局长李逸波和台山市旅游局局长魏思远均被停职，但两局“一把手”在事后善后工作信息通报会上的推诿扯皮所造成的恶劣社会影响已无法挽回。

3 景区漂流安全事故应急管理优化建议

基于理论基本思想和鱼骨模型图可知，当环境、组织方、部门以及游客个人的不安全行为或不安全状态同时发生于同一时空时，漂流事故就极有可能发生。这也意味着，事故的发生必须同时具备三个要素：不安全的行为、不安全的状态、不安全行为和状态在同一时空交叉相遇。该理论也为我们提出解决措施提供了思路框架，只有加强对“事故致险”要素的有效管控，才能最大幅度降低安全事故发生的概率。

3.1 夯实基础，消除生态环境的不安全状态

加强规划设计，重视防洪工程的建设。由于漂流探险生态旅游项目具有极大的冒险性和刺激性，因此在旅游开发中应将安全问题置于首要位置，其中基础设施要求就显得格外重要。漂流上游河道水库以

及流域内泄洪池的建立必不可少，以对山洪暴雨起到及时调峰、抵御洪水的作用，最大限度减少外在环境因素对漂流带来的不利影响，确保漂流在安全水位运行。同时，应视漂流景区情况，完善水情监测、气象观测、通信网络、应急指挥等网络，漂流沿线安装电子眼等在线监控电子设施，密切关注沿途漂流情况及上游水势，及时做出反应，构建全河道、全天候、全覆盖的景区安全管理与服务新模式。

3.2 内外兼修，健全部门非安全监管体系

3.2.1 明确归口部门，加强行业内部监管

旅游法律法规的完善对于规范市场主体的行为，促进行业的安全可持续发展具有不可替代的作用。漂流行业作为特种旅游活动，经营牌照的发放、安全运营的监管、漂流水道的航运等均属不同部门管理，名为共同管理，往往实为无人负责。这种乱象不利于游客生命财产权益的保障，不利于漂流行业的健康稳定可持续发展，甚至损害了法律的严肃性、权威性。从当前“九龙治水”和“铁路警察各管一段”的乱象出发，应健全体制机制，明确景点归口的主管部门，并在自身负责的范围内进行管理和监督，也可以由上级政府安排某个特定的部门对漂流景区全权负责，实行“谁牵头，谁负责”，赋予漂流主管部门合法合理的强制性职权，迫使处于危险状态下的旅游行业做出相关应急调整。有权必有责，归口主管部门对一切不作为行为追究相关责任，以法规的高度督促政府主管部门用好权、履好责。

3.2.2 落实漂流景区安全督导工作，构建协同联动外部体系

旅游突发事件应急管理是一个复杂的系统工程，涉及不同层次和不同领域的部门，需要整合部门资源，克服多头管理弊端。既要发挥自身的功能，尤其是业务主管部门，制定系统完善的应急制度规章和日常监督检查工作计划，加强对企业生产经营现场的监督指导，进一步警惕恶劣天气对安全生产工作带来的不利影响。也要协调其他部门共同做好预防与应对工作。对“黑漂流”现象，需要旅游部门牵头，工商、公安等部门大力协同配合，从严进行专项整治，引导漂流企业向规范化、标准化、产业化、品牌化的高度发展，同时鼓励社会力量和旅游企业积极参与漂流旅游标准化、规范化建设，营造更加安全和规范有序的旅游市场。

3.3 三项并举，补牢组织方不安全管理漏洞

3.3.1 落实安全生产主体责任，确保景区旅游安全

旅游景区经营单位要切实提高安全生产意识，要将游客和工作人员的安全放在日常生产经营的首位，摒弃“重经济效益，轻生产安全”的错误观念，努力提高企业安全管理水平，健全完善安全责任体系和工作制度，加强日常安全隐患排查治理，对涉水旅游、高危险性体育项目尤其要做好气象灾害隐患风险监测，并成立专职的水情观察员和水上应急救护队伍，开展长期性的监测、巡查、应急救援等工作。

3.3.2 加强从业人员教育培训工作，提升紧急事故应对能力

漂流运动作为高危险性体育项目，极易发生各类突发事件。景区从业人员是辖区范围内应急处置的“第一响应人”，在危机防范与处置过程中扮演着重要的角色，是保障游客人身财产安全，维护景区稳定发展的重要力量。旅游景区企业要高度重视相关行业从业人员的安全教育培训工作，指导相关人员深入学习有关安全生产法律法规和行业安全标准要求，积极开展安全隐患识别、应急救援等知识技能培训演练，确保企业生产经营安全。

3.3.3 强化安保医疗人员配备，提高后勤保障力量

旅游高峰期要加强对景区和游道的巡逻密度和力度,将安全事故隐患扼杀在萌芽状态，能给予游客足够的安全感并提供景区和谐稳定的环境，如：在河道安全人员配备上，应专门培训选聘若干专业救生员（年龄介于18～45岁之间，责任心强，身体健康，水性较好）担任景区安全员；安排专职的医护人员在漂流河道沿途动态巡视，并在终点站设立稳定的医疗救助点，随时随地为游客提供医护服务；漂流险滩以及深潭地带安排专人24小时驻守，切实构筑一道万无一失的安全屏障。

3.4 四方协同，规范约束游客非安全行为

3.4.1 树立安全发展理念，及时风险预警发布

各级党委政府部门应牢固树立安全发展理念，必须始终把人民群众生命安全放在第一位，充分意识到做

好旅游安全的重要性，尤其是要做好事先防范的工作。当前科学技术的发展为做好风险预警工作提供了可能，数字化与信息化发展为旅游风险预警工作提供了便利。通过提前研判事件的辐射区域，以电信运营商短信为信息发布渠道，并向区域内目标群体靶向发布风险预警信息，实现预警信息向特定目标群体发布的精准化与便捷化。

3.4.2 加强从业单位安全管理，做足安全风险提示

旅行社作为旅游服务资源的提供者，必须进一步提高对游客安全重要性的认识，绝不能以牺牲游客安全作为代价，盲目追求经济利益。要进一步健全完善旅游安全管理制度，落实旅游安全风险预防工作制度，提高导游、领队队伍安全风险防范意识，增强对旅游过程中可能出现的危险因素识别能力和应对处置能力，对可能危及旅游者人身、财产安全的事项，应当第一时间向游客做出真实的通报说明和明确的警示，并采取防止危害发生的必要措施，全力保障游客的生命财产安全。

3.4.3 落实经营单位主体责任，明确安全经营理念

漂流景区经营部门要加强与旅游、水文、气象、公安、交通等部门的密切联系与协同，根据相关部门预报，若区域内出现大暴雨、洪峰等突发气象状况，预计短时间内降水、流量及水位上涨速度会超过警戒线，漂流经营场所已不具备安全经营条件的时候，景区应立即停止漂流并及时发布警示，把自然灾害带来的不便和危险充分告知旅游者，使其提高警惕，并提前转移危险区域游客，减少安全事故的发生，切实保障游客和工作人员的生命财产安全

3.4.4 树立安全防范意识，提升风险应对能力

漂流旅游作为新兴的探险类生态旅游项目，具有“险、惊、奇”的特点，受广大中青年游客的追捧。“险”应以安全为基础，安全是游客进行漂流旅游的前提和基础条件，需要游客结合自身身体实际量力而行，自觉提升自身安全意识，强化安全心理训练，提升安全风险防范意识，增强危险因素的识别与化解处置能力，才能最大程度规避风险以及在风险环境下实现“化险为夷”。

4 结语

综上所述，漂流景区安全与应急管理是一项系统工程，既需完善旅游法规制度，理顺体制机制，明确归口部门职责，制定行业标准，促其规范运行；也需提高景区的规划管理能力以及景区人员的应急管理能力和服务意识，加强应急管理队伍建设和应急预案管理，转变旅游管理部门和景区运营方的观念；同时旅游出行者需自身提高安全防范意识，遵守景区安全制度规范，从而切实保证景区和旅游者的安全及切身利益。

基金项目

民政部政策理论研究课题“大数据环境下救灾社会响应的合理引导与控制机制研究”（2015MZR0251504）、国家安监总局2015年安全生产重大事故防治关键技术科技项目（guangdong-0006-2015AQ）；广州市哲学社会科学“十二五”规划2013年度项目(13G53)阶段研究成果。

参考文献

[1]李养田. 浅析漂流旅游存在问题及规范发展路径[EB / OL]. [2014 - 07 - 30 / 2018 - 12 - 15] https://jingyan.baidu.com/article/39810a23a431c0b636fda607.html.

[2] 罗振军，佟瑞鹏. 旅游景区安全容量分析与事故风险评价[J]. 中国安全科学学报，2008，18(2)：150.

[3]郭小生. 漂流飘出的健康权官司[J]. 法庭内外，2016(2)：9 - 11.

[4]常悦. 基于煤矿人因事故影响因素的安全防范体系研究[D]. 太原理工大学，2012.

[5]隋鹏程. 伤亡事故分析与预防原理[J]. 工业安全与环保，1982(5)：3 - 10.

[6]Reason J. Human Error[M]. Cambridge University Press，1990.

[7]卢文刚，黎芷妤. 从马来西亚沉船事件看海洋旅游沉船事故的应急管理[J]. 东南亚南亚研究，2017(3)：86 - 91.

[8]卢文刚. 景区容量超载背景下的旅游突发事件应急管理研究——以“10·2”九寨沟游客滞留事件为例[J].西南民族大学学报(人文社科版)，2015(11)：138 - 143.

[9]中国台山政府网. 台山市端芬镇凤凰峡“5.28”较大淹溺事故调查报告[EB / OL]. [2016 - 08 - 17 / 2018 - 12 - 15]http://www.cnts.gov.cn/ajj/0700/201608/ac622595104c44e3a0cdc4c1cb39b19e.shtml.

[10]卢文刚，周爽. 基于危机洋葱模型的台湾游览车事故分析——以“2·13”台湾游览车翻覆事故为例[J]. 城市与减灾，2017(5)：24 - 30.

中国古村镇大会

选址办法

大会概要

中国古村镇大会创办于2015年，迄今已成功举办四届，是国内迄今为止唯一一个超部门、多学科、跨行业的开放性古村镇领航大会。大会以公益开放的心态，整合国内外高端思想资源，联合全国关心古村、文化传承和乡村发展的社会各界人士，增强社会爱护古村的意识，积极探索路径让古村更好地传承发展下去，以期探索有益于古村保护和可持续经营的发展道路，缔造国内顶尖的新锐思想圈，成就中国古村保护活化民间最权威、最具影响力的智力机构和合作平台。

选址目的

古村镇大会选址目的是建立一个为中国传统村落和古村重要事务对话的公共平台。会址选定以市（县）为单位，在与会各方交流、合作，并就大会主题、事务达成初步共识的同时，寻求与会址间的共赢发展。

古村镇大会的举办将推进会址所在地包括乡村旅游、投融资、产业建设与整合、形象推广在内的多方面共同发展，为产业生态圈及乡村建设提供有利契机：

★快速提高村镇知名度 ★大力推进重点项目建设 ★整体提高干部群众观念 ★全方位引入智力资源 ★促进项目合作与落地

选址条件及选定

古村镇大会年度会址选择范围原则上限定于传统村落或古村落分布较多的区域。

（一）该区域具备鲜明的村落地域文化特点（较多的古村落、实践较好的村落案例等）。

（二）无偿提供可容纳至少500人的会议场所，具备食宿接待基本设施。

（三）为大会提供基本筹备费用，具体内容可与大会秘书处接洽。

（四）会址所在地政府对于古村镇大会的举办给予政策认可和支持，并于当地及周边政府机构予以宣传推荐。

（五）会址所在地应具备较有特色的产业体系及开放、包容的投资环境。

业界推荐　实地考察　综合评审

采取“业界推荐、实地考察、综合评审”的方式确定年度会址所在地。

联系方式

大会秘书处：中国 · 深圳 · 坂田五和大道南2号万科星火Online 7-238
7-238,Vanke Spark Online,NO.2 Wuhe South Road,Bantian Street,Longgang District,Shenzhen,Guangdong,PRC
Tel：0755-28895149　WeChat：gucunhui　www.gucundahui.com

大会官方二维码

发挥优势、突出特色、领先全国、走向世界

华侨大学旅游学院及旅游安全学科简介

华侨大学创办于 1960 年，直属国务院侨务办公室，是中国政府重点建设大学和教育部首批本科教学工作水平评估优秀的综合性大学。华侨大学旅游学院成立于 2004 年，其前身华侨大学旅游系（创建于 1984 年）是教育部最早批准成立的全国八所旅游高等院校之一，是“ 中国旅游名校 T10 联盟 ”成员单位，也是国内第一家可以直接向海外招收本科生、硕士生、博士生的旅游院系。学院现有在校生近 1200 人，建院 30 多年来，共培养海内外各类人才 6000 多人，其中境外学生 600 余人。

学院师资力量雄厚，现有教职工 52 人，其中专任教师 36 人，正副教授 24 人，27 人拥有博士学位。学院领导先后担任教育部高职高专旅游管理类专业教学指导委员会主任和秘书长、全国旅游管理专业学位研究生教育指导委员会委员、中国旅游协会旅游教育分会副会长。学院入选国家旅游局旅游业青年专家培育计划 2 人、福建省高等学校新世纪优秀人才支持计划 2 人、福建省高校杰出青年科研人才培育计划 2 人。

学院拥有完整的博士、硕士、本科等学历人才培养体系，现有 1 个博士点（旅游管理）、2 个硕士点（旅游管理、旅游管理专业学位硕士 MTA）、4 个本科专业（旅游管理、酒店管理、会展经济与管理、人文地理与城乡规划）。其中旅游管理博士点为全国 4 个独立二级学科博士点之一，旅游管理本科专业为国家级特色专业，旅游实验中心获批国家级实验教学示范中心、国家级虚拟仿真实验中心，学院还是首批获得旅游管理专业学位硕士（MTA）招生资格的院校。

连续 5 年承接全国旅游师资培训班：2015 年全国旅游院校（酒店管理专业）师资培训班、2016 年全国旅游管理专业（本科院校）师资培训班、2017 年全国旅游院校（会展经济与管理专业）师资培训班、2018 年全国旅游类实践教学师资培训班、2019 年全国旅游类实践教学师资培训班、全国首届旅游实践教学研讨会。

学院科研实力强大，设有海峡旅游发展研究院、闽澳研究所、旅游安全研究院、旅游科学研究所等 9 个学术研究机构，有中国旅游研究院首批 5 个外设机构之一的旅游安全研究基地（2009）。

学院开创国内旅游安全学研究先河，旅游安全与风险管理、旅游服务与饭店管理、港澳台侨旅游地理等研究在境内外有较强影响力。自 2012 年起，学院主编每年出版一本《旅游安全蓝皮书 / 中国旅游安全报告》；该皮书荣获 2014 年国家旅游局优秀旅游学术成果一等奖（研究报告类）。2015 年 11 月，旅游安全研究中心获评福建省高校人文社会科学研究基地，2017 年“ 一带一路 ”旅游安全发展研究中心获评福建省高校特色新型智库。

2018 年 7 月承办了国家财政部、外交部亚洲专项“ 中国—东盟旅游安全峰会 ”，来自加拿大、日本、泰国、柬埔寨、马来西亚、新加坡、印度尼西亚、文莱、老挝、缅甸、菲律宾等 11 个国家的 22 位专家学者和国内 21 所高校和科研院所 35 位旅游业界精英与会，发起成立“ 中国—东盟旅游安全研究联盟 ”并发布《中国—东盟旅游安全合作厦门宣言》。

华侨大学校长徐西鹏接见部分与会专家

“中国—东盟旅游安全研究联盟”成立

旅游规划与设计
往辑回顾

《美食旅游》
2019 年 1 月，第 30 辑

《自然旅游与自然教育》
2018 年 9 月，第 29 辑

《旅游建筑与建筑旅游》
2018 年 6 月，第 28 辑

《城市旅游》
2018 年 3 月，第 27 辑

《地学旅游》
2017 年 12 月，第 26 辑

《乡村健康旅游与乡居生活方式》
2017 年 9 月，第 25 辑

《遗产旅游：呈现与活化》
2017 年 6 月，第 24 辑

《景区容量与游客管理》
2017 年 3 月，第 23 辑

《儿童及亲子旅游》
2016 年 12 月，第 22 辑

《生态旅游》
2016 年 10 月，第 21 辑

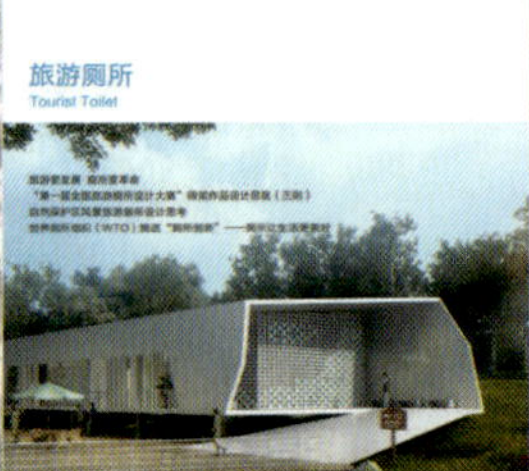

《台湾乡村旅游与民宿》
2016 年 6 月，第 20 辑

《主题公园》
2016 年 3 月，第 19 辑

《旅游厕所》
2015 年 12 月，第 18 辑

《传统村落：保护与活化》
2015 年 9 月，第 17 辑